U0747023

呂思勉 著

呂思勉手稿珍本叢刊

中國古代史札録

5

職官二

第五册目録

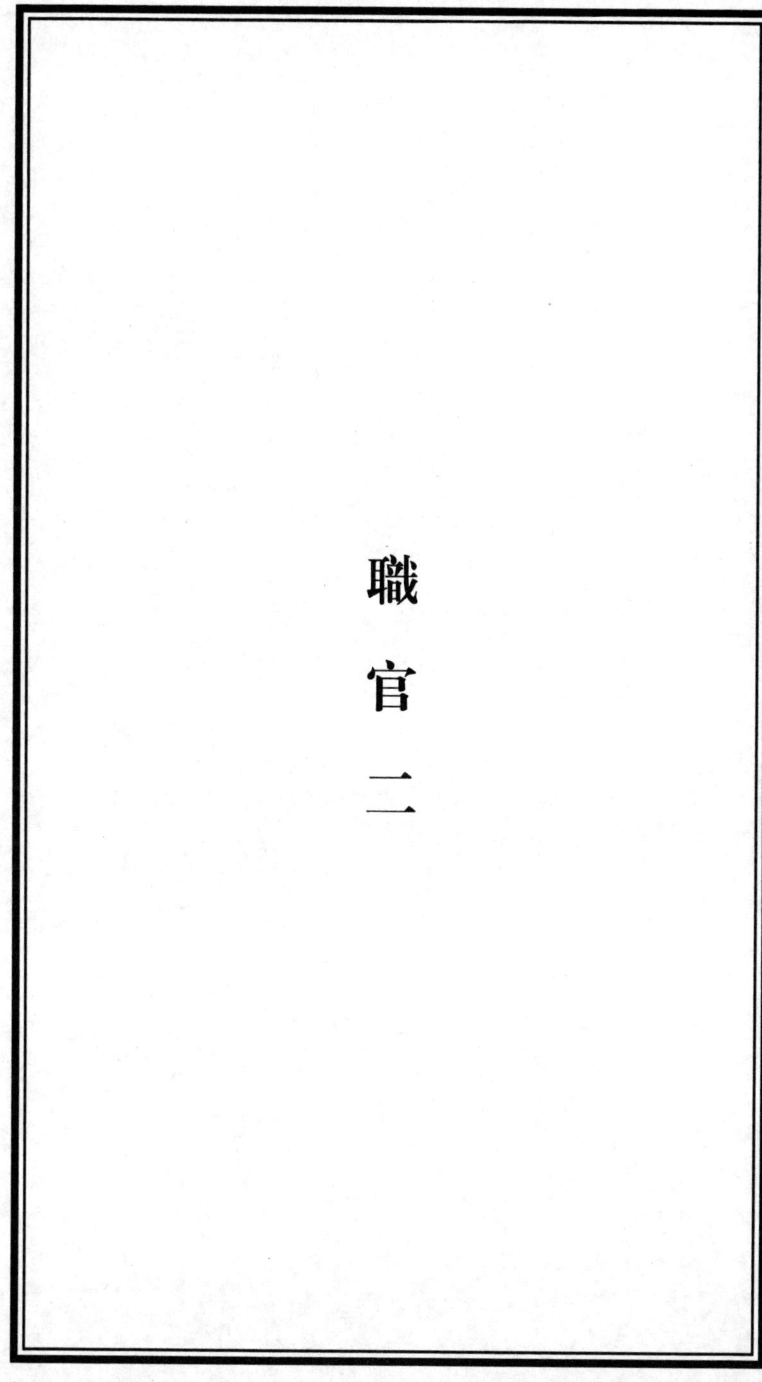

職官二

卿治一官也玄謂此王六命之卿賜官者使得自置其臣治家邑如諸侯春秋襄十八年冬晉侯以諸侯圍齊荀偃爲君禱河旣陳齊侯之罪而曰曾臣彪將率諸侯以討焉其官臣偃實先後之○先悉薦反下先時同後胡豆反

疏　注鄭司至後之○釋曰先鄭云子男入爲卿治一官此後鄭不從者案典命唯有出封加一等無入加之文則出有入無加今以子男五命入加一等爲王朝六命卿於理不可且見此上下文所言賜受者皆是自外之事今言賜官則是此六命之人使已有之今以賜官爲賜當身治一官亦不可故後鄭皆不從也先鄭之義出加入亦加若毛君之義出加入減故晉詩云豈曰無衣六兮毛傳云天子之卿六命車旗衣服以六爲節是出加入減也後鄭不從者諸侯入爲王卿大夫其尊如故以爲榮何得入則減之乎指如鄭武公桓公並入爲王之司徒詩人美之若減何美之有乎明入不減鄭君之義出加入不減依於在國若言六兮者以晉侯入爲王卿謙不敢必當七命之服故云六兮耳玄謂此六命之卿賜官者使得自置其臣治家邑如諸侯者案載師有小都大都大都謂三公王子母弟所食邑小都王之卿六命所食邑如此六命已上賜之官使得自置其臣治家邑如諸侯此則大宰云施則於都鄙建其長立其兩已下是三公王子母弟得立官如畿外諸侯但少一卿不足於諸侯而已言家邑雖與大夫家邑同名此則大都小都也卿大夫稱家故言家邑以表大小都耳引春秋者證諸侯以臣爲官故荀偃自於晉侯稱官畿內諸侯臣亦稱官此經是也荀偃對河神故稱其君名諸侯於外事皆稱曾臣言先後者先後謂左右謂荀偃左右晉侯也

七命賜國　王之卿六命出封加一等者鄭司農云出就侯伯之國

疏　注王之至之國○釋曰此後鄭先鄭所云皆據典命而言以其王之卿六命出封加一等即七命是侯伯之國者也

八命作牧　謂侯伯有功德者加命得專征伐於諸侯鄭司農云一州之牧王之三公亦八命

疏　注謂侯至八命○釋曰案曲禮云牧於外曰侯是牧本爵稱侯矣一州二百一十國選賢侯爲牧今鄭兼言伯者牧用侯伯不定其牧若有賢侯則用侯若無賢侯則用伯可也故鄭兼言伯其牧下二伯亦或用侯或用伯故詩旄丘責衛伯鄭云衛康叔之封爵稱侯今曰伯時爲州伯是牧下二伯亦用侯也云加命得專征伐於諸侯者侯伯七命今云八命作牧明是侯伯加命也云得專征伐者案王制云諸侯賜弓矢然後專征伐並據州牧而言以其弓矢之賜州內有臣殺君子殺父不請於天子得專征伐之先鄭云一州之牧牧養也即大宰一曰牧以地得民是也云王之三公亦八命典命文

九命作伯　上公有功德者加命爲二伯得征五侯九伯者鄭司農云長諸侯爲方伯

疏　注上公至方伯○釋曰典命云王之三公八命是上公矣今云九命明有功德加一命爲二伯也二伯之文出於曲禮案曲禮云五宮之長曰伯是職方鄭引公羊傳云自陝以東周公主之自陝以西召公主之是東西二伯也云得征五侯九伯者僖公四年左氏傳云昔召康公命我先君太公曰五侯九伯汝實征之以夾輔周室賈服之等諸侯九州之伯若然與天子何殊而爲夾輔乎故鄭以爲五侯者九州有九牧牧即侯但二伯共分各得四侯半侯不可分故二伯皆言五侯也言九伯者九州有十八伯各得九伯故云九伯也此二伯其有違逆者各征半天下故云五侯九伯汝實征之也引之者證二伯尊得征半天下之事也先鄭云長諸侯爲方伯者公羊傳云上無明天子下無賢方伯方伯可及州牧并二伯故云方伯伯長也是一方之長也

大宗伯

職官

小國亦有卿也。大國卿皆有命，卿總名亦曰大夫

庶其非卿也以地來雖賤必書重地也重地故書其人其人書則惡名彰以懲不義

疏庶其非卿也○正義曰公羊穀梁皆以邾莒之徒小國不合有卿釋例曰公侯伯子男及其卿大夫士命數周官具有等差當春秋時漸已變改是以仲尼丘明據時之宜仍其行事從而然之不復與周官同而先儒考合周官禮記各致異端今詳推經傳國之大小皆據當時土地人民不復依爵故書秦楚之卿而畧於滕薛也諸侯大國之卿皆必有命國無所疑其擧名氏曰大夫也故經傳卿大夫之文相涉晉殺三卿而經書大夫邢丘之會傳稱大夫亦皆卿也蜀之盟齊國之大夫溴梁之盟小邾之大夫此不命一命之大夫故不書也命者謂其君正爵命之

襄廿一

於朝其官室車旗衣服禮儀各如其命數則皆以卿禮書之於經衛之於晉不得比次國則邾莒杞鄫之屬固以微矣此等諸國當時附隨大國不得列於會者甚衆及其得列上不能自通於天子下無暇於備禮成制故與於會盟戰伐甚多唯曹之公子首得見於經其餘或命而禮儀不備或未加命數故皆不書之也邾畀我之等其奔亡亦多所書唯數人而已知其合制者少也又邾庶其等傳皆言非卿以地來雖賤必書紀裂繻來逆女傳曰卿爲君逆知此等微國亦應有卿有卿則應書於經徒以卑陋制不合禮失禮之例杞降爲夷華耦具官君子貴之至於此等卿而不備禮亦所以見其略賤也諸儒以爲邾莒無命卿說自違傳劉賈又云春秋之序三命以上乃書於經潁氏以爲再命稱人傳曰叔孫昭子三命踰父兄昭公十年昭子始加三命而先此叔孫皆自見經知所書皆再命也是杜大明春秋書卿名氏之例以邾莒自當有卿若有再命則書名氏其不書於經皆爲禮不備故庶其非卿謂非再命之卿也

宣十五

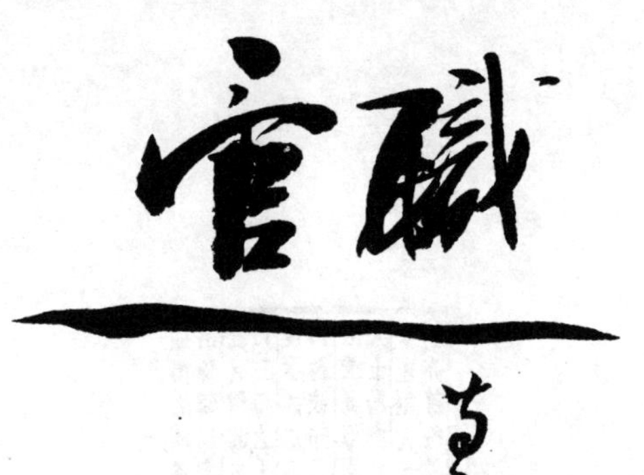

天子郎位第下卿如校尉

高子大伽藏

亦得名端故論語云端章甫鄭云端諸侯視朝之服耳皆以十五升布爲緇色正幅爲之同名也云易其裳耳者彼朝服素韠韠同裳色則裳亦素此旣易其裳以三等裳同爵韠則亦易之矣不言者朝服言素韠不言裳故須言易彼言素韠此云爵韠於文自明故不須言易也云上士玄裳中士黃裳下士雜裳者此無正文直以諸侯之士皆有三等之裳故還以三等之士記之但玄是天色黃是地色天尊而地卑故上士服玄中士服黃下士當雜裳雜裳者還用此玄黃但前陽後陰故知前玄後黃也云易曰者是文言文引之者證此裳等是天地二色爲之云士皆爵韋爲韠其爵同者三裳同云爵韠故知三等之士同用爵韋爲韠也其爵韋者所引玉藻文是也云不以玄冠名服者是爲緇布冠陳之者今不以玄冠表此服者此爲冠時緇布冠陳之冠旣不用玄冠故不言也云玉藻者案彼注云此玄端服之韠也云韠者與下君大夫士爲摠目韋者又摠三者用韋爲之言君朱大夫素士爵者韠之韋色也云君朱者見五等諸侯則天子亦朱矣韠同裳色則天子諸侯朱裳士言爵韠此經爵韠亦一也以其裳有三等爵亦雜色故同爵韠若然大夫素裳則與朝服不異者禮窮則同也

士冠礼　仪礼二

賓致命釋外足見文主人受幣士受皮者。自東出于後自左受

遂坐攝皮逆退適東壁。賓致命主人受幣庭實所用爲節士謂若中士下士不命者以主人爲官長自由也【疏】賓致至東壁○釋曰此亦爲經不見主人之士受皮之事故記之也云釋外足者據人北面以足向上執之足遠身爲外受之則文見故釋外足見文也云士受皮者取皮自東方出于後者謂自東方出於執皮者之後至於左北面受之故云自左受也云逆退者二人相隨自東而西今以後者先向東行故云逆退也○注賓致至由也○釋曰云賓致命主人受幣庭實所用爲節者以其上經納徵授幣如納吉之禮其唱已具今言之者爲執皮者釋外足見文及士受皮時節不見故云賓堂上致命時庭中執皮者釋外足見文主人堂上受幣時主人之士於堂下受取皮是其庭實所用爲節也云士謂若中士下士不命者但諸侯之士國皆二十七人依周禮典命侯伯之士一命子男之士不命命與不命國皆分爲三等上九中九下九案周禮三百六十官皆有官長其下皆有屬官但天子之士上士三命中士再命下士一命與諸侯之士異若諸侯上中下士同命今言士謂若中士下士不命者據上士爲官長者若主人是中士則士是下士若主人是下士則士是不命之士府史之等此不命與子男之士不命若別彼雖不得君命策之命仍得人君口命爲士此則不得君命是官長自辟除者也案既夕宰舉幣是士之府史則庭實胥徒爲之云自由也者謂由執皮者之左受之也

職官

成公許其孫嬰齊為大夫待其令襲
敢從大夫礼
左成十七

上玄　中士黃裳　下襍

玄端玄裳黃裳雜裳可也緇

帶爵韠此莫夕於朝之服玄端即朝服之衣易其裳耳上士玄裳中士黃裳下士雜裳雜裳者前玄後黃易曰夫玄黃者天地之雜色天玄而地黃士皆爵韋爲韠其爵同不以玄冠名服者是爲緇布冠陳之玉藻曰韠君朱大夫素士爵韋

疏玄端至爵韠○釋曰此玄端服之下故後陳於皮弁之南陳三等裳者凡諸侯之下皆有二十七士公侯伯之士一命子男之士不命不同一命不命皆分爲三等故服分爲三等之裳以當之上下經三等之服同用緇帶者以其士唯有一幅韠之帶故三服共用之大帶所以束衣革帶所以珮韠及佩玉之等不言革者舉韠有革帶可知故畧不言耳三裳之下云可也者欲見三等之士各有所當當者即服之故言可以許之也○注此莫至爵韋○釋曰云此莫夕於朝之服者當是莫夕於君之朝服也案玉藻云君朝服以日視朝于內朝夕深衣祭牢肉是君朝服朝服夕服深衣矣下又云朝玄端夕深衣朝時不服與君不同故鄭注云謂大夫士也則彼朝玄端夕深衣是大夫士家私朝也若然大夫士既服玄端深衣以聽私朝矣此服注云莫夕於朝之服是士向莫之時夕君之服必以莫爲夕者朝禮備夕禮簡故以夕言之也若卿大夫莫夕於君當亦朝服矣案春秋左氏傳成十二年晉郤至謂子反曰百官承事朝而不夕此云莫夕者無事則無夕法若夕有事須見君則夕故昭十二年子革云夕哀十四年子我亦云夕者皆是有事見君非常朝夕之事也云玄端即朝服之衣易其裳耳者上云玄冠朝服緇帶素韠此玄端亦緇帶彼云朝服即此玄端也但朝服

職

管仲為上卿　國高為亞卿

王以上卿之禮饗管仲管仲辭曰臣賤有司也有天子之二守國高在國子高子天子所命爲齊守臣皆上卿也莊二十二年高傒始見經僖二十八年國歸父乃見傳歸父之父曰懿仲高傒之子曰莊子不知今當誰世○守手又反注同見賢遍反下同若節春秋來承王命何以禮焉節時也陪臣敢辭諸侯之臣曰陪臣○陪步回反王曰舅氏伯舅之使故曰舅氏○使所吏反余嘉乃勳應乃懿德謂督不忘往踐乃職無逆朕命功勳美德可謂正而不可忘者不言位而言職者管仲位卑而執齊政故欲以職尊之○督音篤疏余嘉至朕命○正義曰余朕皆我也乃女也應當也懿美也督正也言我善女功勳當女美德謂女功德正而不可忘宜受此禮往居女職無得逆我之命欲令受上卿之禮管仲受下卿之禮而還管仲不敢以職自高卒受本位之禮

僖十二

上大夫

八豆八簋六鉶九俎魚腊皆二俎記公食上大夫異於下大夫之數豆加葵菹蝸醢四四爲列俎加鮮魚鮮腊三三爲列無特疏上大夫至二俎○注記公至無特○釋曰

云豆加葵菹蝸醢者案周禮醢人朝事之豆云韭菹醓醢昌本麋臡菁菹鹿臡茆菹麋臡案上文下大夫六豆用鹿臡以下仍有茆菹麋臡在今上大夫八豆不取茆菹麋臡而取饋食之豆葵菹蝸醢者鄭以特牲少牢參之彼二篇俱以饋食爲始皆用周禮饋食之豆特牲兩豆用饋食葵菹蝸醢少牢四豆二豆與特牲同兩豆用朝事之豆韭菹醓醢注云韭菹醓醢朝事之豆也而饋食用之豐大夫禮以此觀之故此公食大夫兼用饋食之豆亦是豐大夫禮也云俎加鮮魚鮮腊者上文下大夫七俎牛羊豕魚腊腸胃與膚此云九俎明加鮮魚鮮腊云無特者陳饌要方上七俎者東西兩行爲六俎一俎在特于俎東此九俎爲三行故無特雖無特膚亦爲下

魚腸胃倫膚若九若十有一下大夫則若七若九此以命數爲差也九謂再命者也十一謂三命者也七謂一命者也九或上或下者再命謂小國之卿次國之大夫也卿則曰上大夫則曰下大國之孤視子男

疏魚腸至若九○注此以至子男○釋曰云此以命數爲差也者案周禮典命公侯伯之卿三命大夫再命士一命子男之卿再命大夫一命士不命則諸侯之臣分爲三等三命再命一命不命與一命同此經魚腸胃倫膚亦分爲三等有十一有九有七則十一當三命九當再命七當一命若然唯有上下二文者以公侯伯之大夫與子男之卿同再命卿爵尊爲上大夫爵卑爲下則上言若九者子男之卿也下言若九者公侯伯大夫也故鄭云卿則曰上大夫則曰下云大國之孤視子男者欲見此經唯見三命以下案周禮典命大國之孤四命又大行人云大國之孤執皮帛以繼子男又云其他皆視小國之君若然孤與子男同十三侯伯十五上公十七差次可知

庶羞西東毋過四列謂上下大夫也古文毋爲無疏庶羞至四列○注謂上至爲無○釋曰上文云庶羞旁四列此上大夫饌內言庶羞西東毋過四列則東西横行上下大夫皆四以爲行下大夫四四十六東西四行南北亦四行上大夫東西四行南北五行矣

上大夫庶羞二十加於下大夫以雉兔鶉鴽鴽無母疏上大至鶉鴽○注鴽無母○釋曰云鴽無母者案爾雅釋鳥云鴽鴾母郭氏曰鵪也青州人呼曰鴾母莊子曰田鼠化爲鶉淮南子云蝦蟆所化也月令曰田鼠化爲鴽然則鴽鴾一物也

命婦〃〃大夫妻

命〃加爵服自士至上公凡九等　君命其夫則后夫

人亦命其妻〃〃大夫尊于朝妻貴于室

大夫之子姑姊妹女子子〃〃以降　其適于大夫者不降　其無主者〃〃

不降命婦〃〃　無祭主者不服姻

大夫之子爲世[illegible]大夫之子不降[illegible]

幼爲大夫

大夫之子爲世父母叔父母子昆弟昆弟之子姑姊妹女子子。無主者爲大夫命婦者唯子不報傳曰大夫者其男子之爲大夫者也命婦者其婦人之爲大夫妻者也無主者命婦之無祭主者也何以言唯子不報也女子子適人者爲其父母期故言不報也言其餘皆報也何以期也父之所不降子亦不敢降也大夫曷爲不降命婦也夫尊於朝妻貴於室矣命者加爵服之名自士至上公凡九等君命其夫則后夫人亦命其妻矣此所爲者凡六命夫六命婦無主者命婦之無祭主謂姑姊妹女子子也其有祭主者如衆人唯子不報男女同不報爾傳以爲主謂女子子似失之矣大夫曷爲不降命婦據大夫於姑姊妹女子子既以出降其適士者又以尊降在小功也夫尊於朝與已同妻貴於室從夫爵也

疏大夫之子至於室矣○釋曰此言大夫之子爲此六大夫六命婦服期不降之事其中雖有子女重出其文其慾並是應降而不降故亦在女子爲祖下但大夫尊降旁親一等此男女皆合降至大功爲作大夫與已尊同故不降還服期若姑姊妹女子子若出嫁大功適士又降至小功今嫁大夫雖降至大功爲無祭主哀憐之不忍降還服期也傳云無主者命婦之無祭主者也者鄭兼言命婦欲見既爲命婦不降又無祭主更不降服期之意也傳云何以言唯子不報也鄭云子中兼男女傳唯據女子子鄭不從也云何以期也父之所不降子亦不敢降也者欲見此經云大夫之子得行大夫禮降與不降一與父同故傳據父爲大夫爲本以子亦之也云大夫曷爲不降命婦也已下欲見大夫是尊同大夫妻是婦人非尊同亦不降者傳解妻亦與夫同尊卑之意是以云夫尊於朝妻貴於室以其大夫以上貴士以下賤此中無士與士妻故以貴言之也○注命者至夫爵也○釋曰云命者加爵服之名者見公羊傳云錫者何賜也命者何加我服也又案覲禮諸公奉篋服加命書於其上以命侯氏是命者加爵服之名也云自士至上公凡九等者不據爵皆據命而言故大宗伯云以九儀之命正邦國之位壹命受爵再命受服三命受位四命受器五命賜則六命賜官七命賜國八命作牧九命作伯伯則分陝上公者是九等者也以其典命上公九命侯伯七命子男五命大國孤四命公侯伯卿三命大夫再命士一命子男卿二命大夫一命士不命天子三公八命其卿六命大夫四命上士三命中士二命下士一命此經雖無士鄭總解天子諸侯命臣后夫人命妻之事故兼言士也云君命其夫者君中總天子諸侯云后夫人亦命其妻矣者案禮記云夫人不命於天子自魯昭公始也由昭公娶同姓不告天子天子亦不命明臣妻皆得后夫人命也鄭言此者經云

命夫命婦不辨天子諸侯之臣則天子諸侯下但是大夫大夫妻皆是命夫命婦也云此所爲者凡六大夫六命婦者大命夫謂世父一也叔父二也子三也昆四也弟五也昆弟之子六也六命婦者世母一也叔母二也姑三也姊四也妹五也女子子六也云無主者命婦之無祭主謂姑姊妹女子子也鄭言此者經六命婦中有世母叔母故鄭辨之以其世母叔母無主有主皆爲之期故知唯據此四人而言也云其有祭主者如衆人者自爲大功矣云唯子不報男女同不報爾者以其男女俱爲父母三年父母唯爲長子斬其餘降何得言報故知子中兼男女是知傳唯據女子子失之矣云大夫曷爲不降命婦者據大夫於姑姊妹女子子既以出降其適士者又以尊降在小功也者此亦六命婦中有二母故鄭辨之也云夫尊於朝已下鄭亦解姑姊妹女子子之夫貴與已同之義若然案曲禮云四十強而仕五十艾服官政爲大夫何得大夫子又爲大夫又何得爲弟之子爲大夫者五十命爲大夫自是常法大夫之子有德行茂盛者豈待五十乃命之乎是以殤小功有大夫爲其昆弟之長殤大夫既爲兄弟殤明是幼爲大夫舉此一隅不得以常法相難也

官制

墨子書中之官制

備城門篇十二頁右之三老在葆宮中

備穴篇廿二頁下為四面吏官人

迎敵祠篇

旗幟篇

號令篇

雜守篇

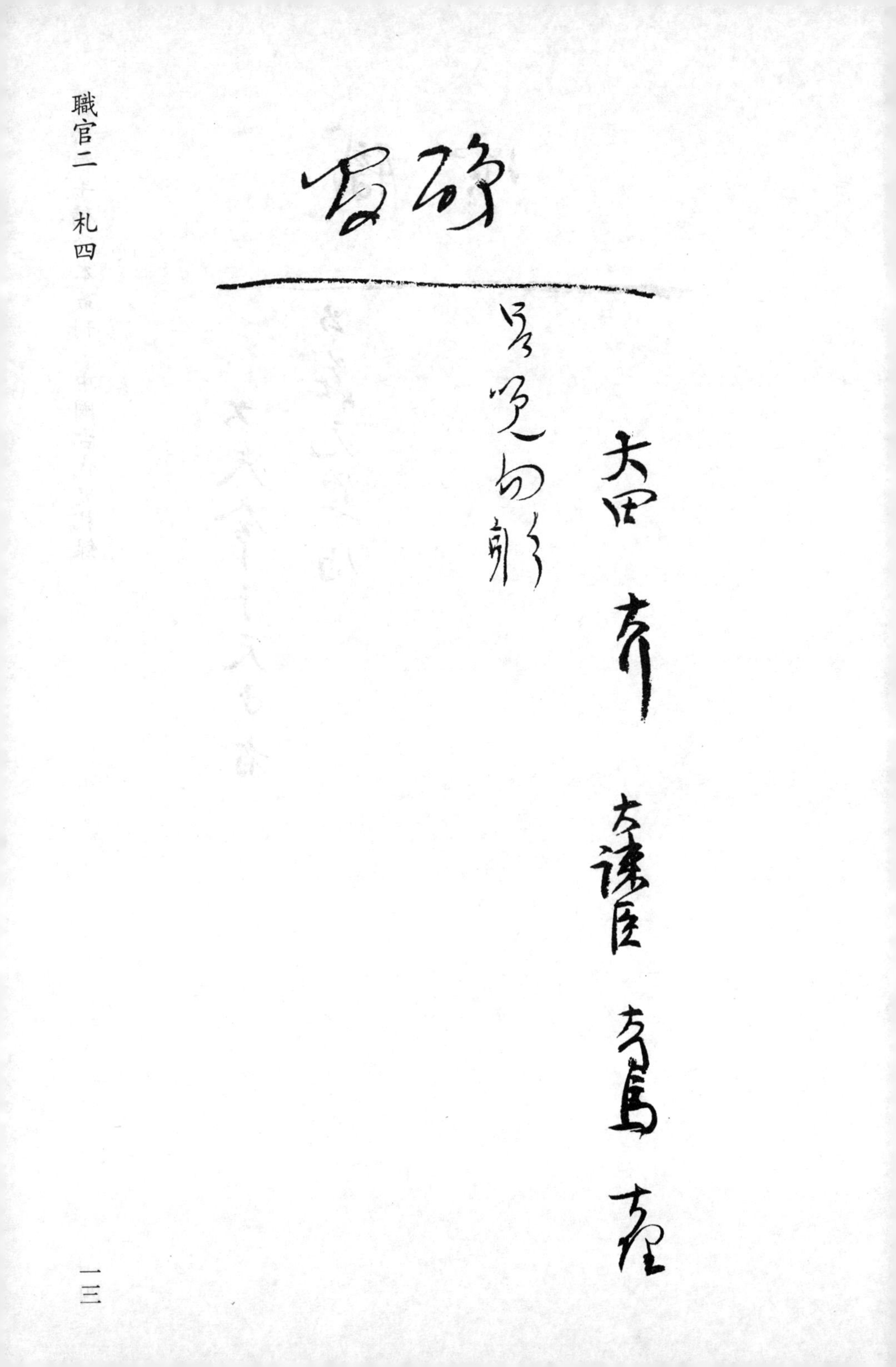

官職

大夫命于天子者

出莊元單伯

二十有六年春公伐戎。夏公至自伐戎。曹殺其大夫言大夫而不稱名姓無命大夫也無命大夫而曰大夫賢也爲曹羈崇也徐邈曰于時微國衰陵不能及禮其大夫降班失位下同於士故畧稱人而傳謂之無命大夫也莒慶莒挐邾庶其邾快皆特以事書非實能貴故略名而已楚雖荆蠻衡自逼于諸夏故莊二十三年書荆人來聘文九年又褒而書名國轉彊大書之益詳然當僖公文公之世楚猶未能自同于列國故得臣及椒並畧名惟屈完來會諸侯以殊禮成之楚莊王之興爲江漢盟主與諸夏之君權行抗禮其勢彊于當年而事交於內外故春秋書之遂從中國之例夫政俗隆替存乎其人三后之姓日先其序而諸國乘間與之代興因詳畧之文則可以見時事之實矣秦爵伯也上據西周班列中夏故得稱師有大夫其大夫當名氏而文十二年秦術略名蓋于時晉主魯盟而秦方敵晉則魯之于秦情好疏矣禮以飾情情疏則禮略春秋所以略文乎又吳札不書氏以成尊于上也宋之盟叔孫豹不書氏以著其能恭此皆因事而爲義。爲曹于僞反挐女居反又女加反快苦夬反諸夏戶雅反下同屈君勿反情好呼報反 疏 傳爲曹羈崇也釋曰薄氏駮曰曹羈出奔經無歸處曹自殺大夫何以知是羈也又云術之名爲晉貶秦然楚亦敵晉何以不略而貶之又此注雖多未足通崇之義徒引證據何益於此哉范荅之曰羈曹之賢大夫也曹伯不用其言乃使出奔他國終於受戮故君子愍之書殺其大夫即是崇賢抑不肖之義也案大夫出奔或書出不書入秦后子是也或書入不書出蔡季是也史有闕漏。非是一般何得以無歸之文則恠其非羈也秦以交疏之故而略其臣楚與諸夏會同所以不畧也是范氏論崇曹羈之事也曹羈三諫不從者是公羊之説也。注徐邈至爲義。釋曰莒慶莒挐邾庶其邾快皆特以事書者謂莒慶來逆女莒挐爲魯所獲庶其邾快來奔於魯故書以著罪是皆以事書之非能貴也秦稱師者僖二十八年城濮之戰是也亦既稱師明當有大夫而秦術無氏故知春秋所畧也又云吳札不書氏以成尊於上者襄二十九年傳文謂進吳稱子許夷狄者不壹而足不可復進其臣不書季札之氏所以成尊於上也叔孫豹不書氏以著其恭者襄二十七年傳文彼傳以溴梁之會諸侯在而不曰諸侯大夫大夫不臣也意趙武恥之豹云者恭也是其恭故不書氏以見意也。秋〇夏單伯逆王姬單姓也伯字〇單音善單姓伯字左氏以爲王卿士逆王姬左氏作送王姬單伯者何吾大夫之命乎天子者也命大夫故不名也諸侯歲貢士于天子天子親命之使還其國爲大夫者不名天子就其國命之者以名氏通也疏注諸侯至通也〇釋曰知諸侯貢士于天子者傳稱國髙在叉何休云大國舉三人次國舉二人小國舉一人是有貢士之法今單伯天子命大夫故不名知書名者就國命之其不言如何也據僖二十九年公子遂如京師言如其義不可受於京師也其義不可受於京師何也曰躬君弒於齊使之主婚姻與齊爲禮其義固不可受也禮尊卑不敵天子嫁女于諸侯必使同姓諸侯主之魯桓親見殺于齊若天子命使爲主則非禮大矣春秋爲尊者諱故不可受之于京師〇弒又作殺爲尊于僞反下爲之築同疏注禮尊至京師〇釋曰天子嫁女于諸侯必使同姓諸侯主婚之意者天子與諸侯尊卑不敵若行君臣之禮則廢婚姻之好若行婚姻之好則廢君臣之禮故使諸侯主之〇秋築王姬之館于外築禮也于外非禮也外城外也疏于外非禮也〇釋曰左氏以爲築于外禮也此云非禮者以主王姬者必自公門出今築之于外則是營衛不固是輕王女故云非禮謂非正禮耳於變禮則通也築之爲禮何也主王

姬者必自公門出公門朝之外門主王姬者當設几筵于宗廟以俟迎者故在公門之内築王姬之館〇朝之直遥反下於朝同迎魚敬反下同於廟則已尊於寢則已卑爲之築節矣築之外變之正也築之外變之爲正何也仇讎之人非所以接婚姻也衰麻非所以接弁冕也親迎服祭服者重婚姻也公時有桓之喪〇衰七回反弁皮彦反疏親迎至之喪〇釋曰禮稱冕而親迎是服祭服也弁冕者連言之周禮弁師掌王之五冕故傳亦通言之其不言齊侯之來逆何也不使齊侯得與吾爲禮也疏不使至禮也〇釋曰二十四年夏公如齊逆女傳云親迎恒事也不志此其志何也不正其親迎於齊也然則不言齊侯之來逆乃是常事不録而云不使齊侯得與吾爲禮也者春秋之例得常不書莊公親逆是禮而書故知非其逆於齊也今王姬嫁於齊而使魯爲主齊侯如魯親逆當合書經但齊是魯讎不使齊侯得與吾爲禮故不書之耳舊解齊侯親逆不至京師文王親逆不至于洽則天子諸侯親迎皆不至婦家矣今恐不然何者此時王姬魯主婚故不至京師詩稱親迎于渭者爲造舟爲梁張本焉知文王不至大姒之家畧舉所疑遺諸來哲〇冬

○天子三公九卿二十七大夫八十一元士。此夏制也。明堂位曰：夏后氏之官百。舉成數也。疏天子至元士。○正義曰：此一經論夏天子設公卿大夫元士之數。○注此夏至數也。○正義曰：以周禮其官三百六十，此官百二十，故云夏制。以夏制不明，更引明堂位夏后氏之官百以證之。直云百，不云百二十，故云舉成數也。王制之文，鄭皆以爲殷法，此獨云夏制者，以明堂殷官二百，與此百二十數不相當，故不得云殷制也。記者雜記而言之，或舉夏或舉殷也。

○大國三卿，皆命於天子；下大夫五人，上士二十七人。○次國三卿，二卿命於天子，一卿命於其君；下大夫五人，上士二十七人。○小國二卿，皆命於其君；下大夫五人，上士二十七人。命於天子者，天子選用之，如今詔書除吏矣。小國亦三卿，一卿命於天子，二卿命於其君，此文似誤脱耳。或者欲見畿內之國二卿與？○選，宣戀反。見，賢遍反。與音餘。

疏大國至七人。○正義曰：此一節論夏家天子命諸侯之國卿大夫及士之數。前既云夏官，此亦夏禮。卿大夫士之數，五等之國悉同，但大國三卿並受命於天子也。夏之大國是侯也，殷周大國並公也。崔氏云：三卿者，依周制而言，謂立司徒兼冢宰之事，立司馬兼宗伯之事，立司空兼司寇之事。故春秋左傳云：季孫爲司徒，叔孫爲司馬，孟孫爲司空。此是三卿也。以此推之，故知諸侯不立冢宰、宗伯、司寇之官也。下大夫五人者，崔氏云：三卿命於天子，則大夫以下皆其君自命之也。三卿則上中下三品，而含上下。今云下大夫五人者，取卿爲言耳。知大夫有上下者，按前云次國之下卿位當大國之上大夫是也。何以五人者？謂司徒之下置小卿二人，一是小宰，一是小司徒；司空之下亦置二小卿，一是小司寇，一是小司空也；司馬之下惟置一小卿，小司馬也。故公羊襄十一年作三軍，三軍者何？三卿也。古者上卿、下卿，上士、下士。何休云：古者諸侯有司徒、司空，上卿各一，下卿各二；司馬事省，上下卿各一。若有軍事，上士相上卿，下士相下卿，足以爲治。今襄公乃益司馬，故云作三軍，踰王制，故譏之。下卿即大夫也，故此云下大夫五。上士二十七人者，云上士者，對府史之屬也。周禮五等國悉三卿五大夫二十七士，皆與此同，但公國長有四命孤一人，故典命云：公之孤四命，以皮帛眡小國之君，其卿三命，其大夫再命，其士一命；侯伯之卿大夫士亦如之；子男之卿再命，其大夫壹命，其士不命。而鄭注再引王制以成彼義，當恐周之人數與王制同也。且曾子問是明當時周法，而云國家五官，則五大夫，大夫若五，則知餘亦不異也。且冢宰云：施典於邦國，設其參，傅其伍。鄭云：參謂卿三人，伍謂大夫五人。次國三卿，二卿命於天子，一卿命於其君，下大夫五人，上士二十七人者，次國者，夏則伯，殷則侯也，周則侯伯並，而卿大夫士之命及人之數與大國同，但一卿其君自命爲異也。下文備也。小國二卿皆命於其君，下大夫五人，上士二十七人者，小國者殷謂伯夏周子男也。按鄭

注言小國亦三卿，差次而言，應一卿命於天子，二卿命於其君，此惟言二卿，則似誤也。鄭何以得知應三卿？按前云小國又有上中下三卿，位當大國之下大夫，若無三卿，何上中下之有乎？故知有三卿也。按周禮三命受位，鄭云：謂此列國之卿始有列位於王，爲王之臣也。若三命卿始得列位於王，則子男之卿再命，不應得一卿命於王，而鄭今云一卿命於王者，謂子男之卿亦得王命，而彼注三命下云列國卿三命者，此自據侯伯爲言，以會彼三命受位者耳。○注或者至卿與。○正義曰：鄭又爲一說，畿內之國惟置二卿，並是其君自命之。今記者或欲因子男此文以見畿內之法，故捨去子男一卿命於王者而不言也。

官職

命吏—制縣監尹

存疑の

[illegible]

幹也無禮無以立吾聞將有達者曰孔丘僖子卒時孔丘年三十五疏注孔丘年三十五。正義曰當言三十四而云五蓋相傳誤耳聖人之後也聖人殷湯而滅於宋孔子六代祖孔父嘉爲宋督所殺其子奔魯疏注孔子六代祖。正義曰家語本姓篇云宋湣公熙生弗父何何生宋父周周生世子勝勝生正考父考父生孔父嘉其後以孔爲氏也孔父生木金父金父生皐夷父夷父生防叔防叔辟華氏之偪而奔魯生伯夏伯夏生叔梁紇梁紇即生孔子其祖弗父何以有宋而授厲公弗父何孔父嘉之高祖宋閔公之子厲公之兄何適嗣當立以讓厲公。適丁歷反及正考父弗父何之曾孫佐戴武宣三人皆宋君三命茲益共三命上卿也言位高益共故其鼎銘云考父廟之鼎一命而僂再命而傴三命而俯俯共於傴傴共於僂。僂力主反傴紆甫反循牆而走言不敢安行亦莫余敢侮

昭七

左成二

賜三帥先路三命之服 三帥郤克士燮欒書已嘗受王先路之賜今改而易新并此車所建所服之物。帥所類反注及下同 **疏** 賜三至之服。正義曰周禮典命公之孤四命其卿三命其大夫再命其士一命侯伯之卿大夫士亦如之此三帥皆卿也本國三命故魯賜以三命之服司馬司空輿帥候正亞旅皆大夫本國一命故皆受一命之服於卿言賜於大夫言受互相足也周禮大夫再命此司馬司空等皆一命者春秋之時其事已異於周禮故大夫一命。注三帥至之物。正義曰三卿皆統一軍故總稱三帥魯君之賜晉臣正可知其法所得服改新以與之耳不得特命他臣發初賜以此物且彼若先無此物則無由敢受魯賜故杜以為此三帥已嘗受王先路之賜今改而易新并此車所建之旌旗所著之衣服皆賜之也案釋例先路者革路若木路或云先或云

次蓋以就數為差其受之於王則稱大杜言革路若木路者或用革或用木也知受之於王則稱大者鄭子蟜叔孫穆子受之於王皆稱大是也革木是卿大夫車之尊者故云大路金路是諸侯車之尊者亦稱大則定四年大路大旂是也王路天子車之尊者亦稱大故顧命云大路在賓階面是也言所建所服之物者周禮巾車革路建大白以即戎司服云凡兵事韋弁服巾車又云木路建大麾以田司服又云凡田冠弁服然則此車所建或是大白大麾所服或是韋弁冠弁劉炫以為既言先路則是晉君之賜杜云受王先路之賜非其義也今知不然者杜以穆叔子蟜嘗受王路故杜據而言之釋例應云受王大路之賜言先路者順傳先路之文故也劉以為嘗受晉君賜而規杜氏非也 **司馬司空輿帥候正亞旅皆受一命之服** 晉司馬司空皆大夫輿帥主兵車候正主斥候亞旅亦大夫也皆魯侯賜 **疏** 注晉司至侯賜。正義曰司馬司空本是卿官之名但晉之諸卿皆以三軍將佐為號其司馬司空皆為大夫之官仍有為卿之嫌故云晉司馬司空皆大夫也明他國以為卿晉以為大夫也輿帥至於亞旅本是大夫官名故又云亦大夫也軍行有此大夫從者司馬主甲兵司空主營壘輿帥主兵車候正主斥候亞旅次於卿是衆大夫也無專職掌散共軍事故後言之直言受服嫌非魯賜故云皆魯侯賜

十一月晉侯使荀庚來聘且尋盟尋元年赤棘盟荀庚林父之子衛侯使孫良夫來聘且尋盟尋宣七年盟公問諸
臧宣叔曰仲行伯之於晉也其位在三下卿疏其位在三○正義曰於時郤克將中軍荀首佐之荀庚將上軍是其位在三也注云下卿者傳稱小國之上卿當大國之
下卿又言衛在晉不得爲次國則以衛爲小國荀庚若是中卿自然當先晉矣乃云晉爲盟主其將先之直以盟主先晉明是二人位等以此知荀庚是下卿也晉立三軍將佐有六第三猶爲下卿則其餘皆下卿也蓋以諸侯之禮唯合三卿
三是其正故定以三人爲上中下餘皆從下卿也卿有上下往年賜晉三帥皆以三命之服者侯伯之卿禮皆三命上卿下卿命不異也孫子之於衛也位爲上卿將誰先對曰
次國之上卿當大國之中中當其下下當其上大夫降一等小國之上卿當大國之下卿中當
其上大夫下當其下大夫降大國二等上下如是古之制也古制公爲大國侯伯爲次國子男爲小國衞在晉不得爲
次國春秋時以強弱爲大小故衛雖侯爵猶爲小國疏注春秋至小國○正義曰古制公爲大國侯伯爲次國子男爲小國以土地之大小命數爲等差也春秋之世彊陵弱大吞小爵雖不能自改地則以力升降諸侯聚會
彊者爲雄史書時事大小爲序此事不可改易仲尼卽而用之宋公在齊侯之下許男在曹伯之上不復計爵之尊卑故衛雖侯爵猶爲小國以地狹小故也襄二十五年傳子產語晉曰今大國多數圻矣圻方千里是晉有方千里者三四也
昭五年十三年傳皆言晉有革車四千乘計衛比於晉不過當五六分之一耳故不得爲次國其爲次國者當齊秦乎晉爲盟主其將先之計等則二人位敵以盟主故先晉丙午盟晉
丁未盟衛禮也

○冬

成三

官制

命

伯有既死使大史命伯石爲卿辭大史退則請命焉請大史更命己復命之又辭如是三乃受策入拜子產是以惡其爲人也惡其虛飾○復扶又反三息暫反又如字策初革反惡烏路反注同使次己位畏其作亂故寵之

襄卅

足○冬同盟于幽鄭成也○王使虢公命曲沃伯以一軍爲晉侯初晉武公伐夷執夷詭諸蔿國請而免之既而弗報故子國作亂謂晉人曰與我伐夷而取其地遂以晉師伐夷殺夷詭諸周公忌父出奔虢惠王立而復之

經十有七年春齊人執鄭詹○夏齊人殲于遂○秋鄭詹自齊逃來○冬多麋

傳十七年春齊人執鄭詹鄭不朝也○夏遂因氏頜氏工婁氏須遂氏饗齊戍醉而殺之齊人殲焉

經十有八年春王三月日有食之○夏公追戎于濟西○秋有蜮○冬十月

傳十八年春虢公晉侯朝王王饗醴命之宥皆賜玉五瑴馬三匹非禮也王命諸侯名位不同禮亦異數不以禮假人○虢公晉侯鄭伯使原莊公逆王后于陳陳嬀歸于京師實惠后○夏公追戎于濟西不言其來諱之也○秋有蜮爲災也○初楚武王克權使鬬緡尹之以叛圍而殺之遷權於那處使閻敖尹之及文王卽位與巴人伐申而驚其師巴人叛楚而伐那處取之遂門于楚閻敖游涌而逸楚子殺之其族爲亂冬巴人因之以伐楚

典命丨丨命謂王遷秩羣臣之書

典命中士二人府二人史二人胥一人徒十人命謂王遷秩羣臣之書疏典命○釋曰在此者案其職云掌諸侯之五儀諸臣之五等之命凡官之所屬義有多種以宗伯主禮及祭祀之事故凡是祭祀及禮事皆屬焉此典命遷秩羣臣亦是禮事又爵命屬賜故禮記云古者於禘也發爵賜服賞以春夏不於夏官者貴始故於春見之在此○注命謂至之書○釋曰凡言命者皆得簡策之命秩次也命出於王故云命謂王遷秩羣臣之書書即簡策是也

（春官）

夫人命于天子
后命之

雜記下

○夫人之不命於天子自魯昭公始也亦記魯失禮所由也周之制同姓百世昏姻不通吳大伯之後魯同姓昭公取於吳謂之吳孟子不告於天子自此後取者遂不告於天子天子亦不命之**疏**夫人至始也○正義曰諸侯夫人亦天子所命或是王后無畿外之事故天子命畿外諸侯夫人此文是也若畿內諸侯及卿大夫之妻則玉藻注云天子諸侯命其臣后夫人亦命其妻是也○

古者明君爵有德而祿有功必賜爵祿於大廟示不敢專也故祭之日一獻君降立于阼階之南南鄉所命北面史由君右執策命之再拜稽首受書以歸而舍奠于其廟此爵賞之施也一獻一酳尸也舍當爲釋聲之誤也非時而祭曰奠。鄉許亮反舍依注音釋。疏古者至施也。正義曰此一節明第六倫也爵賞之施焉。爵有德而祿有功者爵表德故云有德祿賞功故云有功也。而舍奠于其廟者謂受策命卿大夫等既受策書歸還而釋奠於家廟告以受君之命似非時而祭故稱奠此爵賞之施也者君尊上爵賞於廟不自專故民知施必由尊也。注一獻一酳尸也。正義曰經云一獻知非初祼及朝踐饋食之一獻必爲一酳尸者以一酳尸之前皆爲祭事承奉鬼神未暇策命而尸食已畢祭事方了始可以行其爵賞及賜勞臣下此一獻則上尸飲五君獻卿之時也若天子命羣臣則不因常祭之日特假於廟故大宗伯云王命諸侯則儐注云王將出命假祖廟立依前南鄉是也庚放蔡叔收殷餘民孟子致爲臣而歸辭齊卿而歸其室也王就見孟子曰前日願見而不可得謂未來仕齊也遙聞孟子之賢而不能得見之得侍同朝甚喜來就爲卿君臣同朝得相見故喜之也今又棄寡人而歸今致爲臣棄寡人而歸不識可以繼此而得見乎不知可以續今日之後遂使寡人得相見否乎對曰不敢請耳固所願也孟子對王言不敢自請耳固心之所願也孟子意欲使王繼今當自來謀也他日王謂時子曰我欲中國而授孟子室養弟子以萬鍾使諸大夫國人皆有所矜式子盍爲我言之時子齊臣也王欲於國中而爲孟子築室使教養一國君臣之子弟與之萬鍾之祿也欲使諸大夫國人皆敬法其道盍何不也謂時子國者使學者遠近均也矜敬也式法不爲我言之於孟子知肯就之否時子因陳子而以告孟子陳子孟子弟子陳臻也陳子以時子之言告孟子孟子曰然夫時子惡知其不可也如使予欲富辭十萬而受萬是爲欲富乎孟子曰如是夫時子安能知其不可乎時子以我爲欲富故以祿誘我我往者饗十萬鍾之祿以大道不行故去耳今更當受萬鍾是爲欲富乎距時子之言所以有是云也季孫曰異哉子叔疑二子孟子弟子也季孫知孟子意不欲而心欲使孟子就之故曰異哉弟子之所闚也子叔心疑惑之亦以爲可就之矣使已爲政不用則亦已矣又使其子弟爲卿人亦孰不欲富貴而獨於富貴之中有私龍斷焉孟子解二子之異意疑心曰齊王使我爲政不用則亦自止矣今又欲以其子弟故使我爲卿而與我萬鍾之祿人亦誰不欲富貴乎是猶獨於富貴之中有此私登龍斷之類也我則恥之

15

「三歲為之計」

大帥都厚則何以至公之程耶

且將來可三歲為之計

來亦可見其計之利閎甫書

臣畫

上事

闘晉楚也晉楚不闘越兵不起是知二五而不知十也此時不攻楚臣以是知越大不王小不伯復讎龐【集解】徐廣曰一作寵長沙【正義】復扶富反言今越北欲闘晉楚南復讎敵楚之四邑龐長沙竟陵澤也龐長沙出粟之地竟陵澤出材木之地此邑近長沙潭衡之境越若窺兵西通無假之關則西邑不得北上貢於楚之郢都矣戰國時永郴衡潭岳鄂江洪饒並是東南境屬楚也袁吉虔撫歙宣並越西境屬越也楚之粟也竟澤陵楚之材也【索隱】劉氏曰復者發語之聲非也言發語聲者文勢然也則是脫況字耳讐當作犨犨邑名字訛耳則犨龐長沙是三邑也竟澤陵當爲竟陵澤言竟之山澤出材木故楚有七澤蓋其一也今上文爲四邑也越窺兵通無【集解】徐廣曰無一作西假之關此四邑者不上貢事於郢矣臣聞之圖王不王其

乾隆四年校刊

史記卷四十一越王句踐世家

四十二

辭令

四等官　讃臣　大程　司馬

新莽讃畫の第一義

讀書

周世十二蘇方三人

說苑君道周公踐天子之位案
韓子可證 荀子儒效……
又列女為虞林案 又傳子天子誅管蔡叔案
三公九卿…… 四佐
又周公伊尹日案 又臣術篇周公伊尹日案
主藩有 有有 亦有 此有 天子不若臣此の
又燕昭王問於郭隗案 又臣術篇周公旦案

發硯

三堂
坊人
南
僕人
歸人　牧園
左書舟一子彦叔郎自以爲要來
雜夫丶族牲陪位
四十二月參

謀主

我在伯父猶衣服之有冠冕木水之有本原民人之有謀主也民人謀主宗族之師長疏我在至主也。正義曰言我周存在於伯父有益如衣服云云伯父若裂冠毀冕拔本塞原專弃謀主雖戎狄其何有余一人伯父猶然則雖戎狄無所可責晉率陰戎伐周邑故云然疏雖戎至一人。正義曰言伯父我親猶自如此則雖戎狄其何有恩義於我一人既無恩親侵我亦無可責

昭九

門去公遽見之執其手曰余知而無罪也入復而所而女也所所居官。遽其據反女音汝○齊侯疥遂痁痁瘧疾。疥舊音戒
梁元帝音該依字則當作痎說文云兩日一發之瘧也痎音皆後學之徒僉以疥字爲誤案傳例因事曰遂若痎已是瘧疾何爲復言遂痁乎痁失廉反疏齊侯疥遂痁。○正義曰後魏之世嘗使李繪聘梁梁人袁狎與繪言及春秋說
此事云疥當爲痎痎是小瘧痁是大瘧疥患積久以小致大非疥也狎之所言梁王之說也案說文疥搔也瘧熱寒休作痁有熱瘧痎二日一發瘧今人瘧有二日一發亦有頻日發者俗人仍呼二日一發久不差者爲痎瘧則梁王之言信而
有徵也是齊侯之瘧初二日一發後遂頻日熱發故曰疥遂痁以此久不差故諸侯之賓問疾者多在齊也若其不然疥搔小患與瘧不類何云疥遂痁乎徐仙民音作疥是先儒舊說皆爲疥遂痁初疥後瘧耳今定本亦作疥期而
不瘳諸侯之賓問疾者多在多在齊○期音基瘳勑留反疏期而○正義曰期三百有六旬又六日法天數三百六十五度四分度之一帝言閏從全數故言三百六十又六日合三
百六十五日又四分度之一分欠三分不成六日大月却還天朞十度小月不盡置閏梁丘據與裔款二子齊嬖大夫○裔以制反嬖必計反言於公曰吾事鬼神豐
於先君有加矣今君疾病爲諸侯憂是祝史之罪也諸侯不知其謂我不敬君盍誅於祝
固史嚚以辭賓欲殺嚚固以辭謝來問疾之賓○盍戶臘反嚚魚巾反疏注欲殺嚚固○正義曰服虔云祝固齊大祝史嚚大史也謂祝史之固陋嚚闇不能盡禮薦美至於鬼神怒也其意以爲請誅

民共○萑音丸鮫音交藪素口反蒸之丞反䵄曰薪細曰蒸蜃市軫反疏注衡鹿至民共○正義曰周禮司徒之屬有林衡之官掌巡林麓之禁鄭玄云衡平也平林麓之大小及所生者竹木生平地曰林山足曰麓此置衡鹿之官守山林之木是其宜也舟是行水之器鮫是大魚之名澤中有水有魚故以舟鮫爲官名也周禮山澤之官皆名爲虞每大澤大藪中士四人鄭玄云虞度也度知山之大小及所生者澤水所鍾也水希曰藪則藪是少水之澤立官使之候望故以虞候爲名也海是水之大神有時祈望祭之因以祈望爲主海之官也此皆齊自立名故與周禮不同山澤之利當與民共之言公立此官使之守掌專山澤之利不與民共故鬼神怒而加病也縣鄙之人入從其政偪介之關暴征其私介隔也迫近國都之關言邊鄙既入服政役又爲近關所征稅刧暴奪其私物○其政如字一音征偪彼力反介音界近附近之近疏注介隔至私物○正義曰聘禮及竟謁關人鄭玄云古者竟上爲關又周禮司關注云關界上之門然則禮之正法國之竟界之上乃有關耳自竟至國更無關也齊於竟內更復置關不與常禮同以隔外內故注介爲隔也迫近國都爲關以隔邊鄙之人縣鄙之人入從國之政役近關又征稅奪其私物而使民困也承嗣大夫強易其賄承嗣大夫世位者○強其丈反賄呼罪反布常無藝藝法制也言布政無法制疏布常無藝○正義曰布其尋常之政無準藝徵斂無度宮室日更淫樂不違違去也內寵之妾肆奪於市肆放也外寵之臣僭令於鄙詐爲教令於邊鄙私欲養求不給則應養長也所求不給則應之以罪○應應對之應注同長丁丈反疏私欲至則應○正義曰言此嬖寵之臣私有所欲長養其情求物共之民不共給則應之以罪民人苦病夫婦皆詛祝有益也詛亦有損聊攝以東聊攝齊西界也平原聊城縣東北有攝城○詛莊慮反祝之又反下善祝同姑尤以西姑尤齊東界也姑水尤水皆在城陽郡東南入海疏聊攝至以西○正義曰聊攝姑尤皆是邑也管仲對楚言其竟界所至故遠舉河海也晏子言其人多故唯舉屬邑言之也其爲人也多矣雖其善祝豈能勝億兆人之詛萬萬曰億萬億曰兆○億於力反君若欲誅於祝史脩德而後可公說使有司寬政毀關去禁薄斂已責除逋責○說音悅去起呂反下以去其否同斂力驗反責本又作債同逋布胡反○十二月齊侯田于沛言疾愈行獵沛澤名○沛音貝招虞人以弓不進虞人掌山澤之官公使執之辭曰昔我先君之田也旃以招大夫弓以招士皮冠以招虞人臣不見皮冠故不敢進乃舍之仲尼曰守道不如守官君招當往道之常也非物不進官之制也○旃之然反疏旃以至虞人○正義曰周禮孤卿建旃大夫尊故麾旃以招之也逸詩翹翹車乘招我以弓古者聘士以弓故弓以招士也諸侯服皮冠以田虞人掌田獵故皮冠以招虞人也君子韙之韙是也○韙于鬼反

祝史之嚚闇固陋者嚚固非人名也案莊三十二年神降於莘虢公使祝應宗區史嚚享焉彼是人名則此亦名也世族譜齊雜人內有祝固史嚚此云欲殺嚚固是杜必以爲人名也公說告晏子晏子曰
日宋之盟日往日也宋盟在襄二十七年○說音悅屈建問范會之德於趙武趙武曰夫子之家事治言於晉國
竭情無私其祝史祭祀陳信不愧其家事無猜其祝史不祈家無猜疑之事故祝史無求於鬼神○屈居勿反治直吏反愧九位反本
又作媿猜七才反疏晏子曰至不祈○正義曰彼傳趙武對曰夫子之家事治言於晉國無隱情其祝史陳信於鬼神無愧辭此晏子言之其辭微多於彼其意亦不異也建以語康王康王楚王○語魚據反
康王曰神人無怨宜夫子之光輔五君以爲諸侯主也五君文襄靈成景疏光輔五君○正義曰文公爲戎右襄靈爲大夫成公爲卿
景公爲大傅公曰據與欵謂寡人能事鬼神故欲誅于祝史子稱是語何故對曰若有德之君外
內不廢事無廢事上下無怨動無違事其祝史薦信無愧心矣君有功德祝史陳說之無所愧疏上下無怨○正義曰此猶如孝經上下無怨也
言人臣及民上下無相怨耳服虔云上下謂人神無怨即如服言下云上下怨疾復是人與神相怨疾也是以鬼神用饗國受其福祝史與焉與受國福○與音預注同下
祝史與焉亦同其所以蕃祉老壽者爲信君使也其言忠信於鬼神其適遇淫君外內頗邪上下怨
疾動作辟違從欲厭私使私情厭足○蕃音煩祉音恥爲于僞反又如字下爲暴君使同頗普何反邪似嗟反辟匹亦反從子用反下淫從同或音如字厭於豔反注同高臺深池
撞鍾舞女斬刈民力輸掠其聚掠奪取也○撞直江反刈本又作艾魚廢反掠音亮聚才住反又如字疏輸掠其聚○正義曰輸墮也故爲墮毀奪其所聚之物以成
其違不恤後人暴虐淫從肆行非度無所還忌還猶顧也疏肆行非度○正義曰肆縱也恣意行非法度之事也不思謗讟
不憚鬼神神怒民痛無悛於心其祝史薦信是言罪也以實白神是爲言君之罪○讟徒木反悛七全反疏不思謗讟○正義曰俗本
作畏定本作思其蓋失數美是矯誣也蓋掩也○數所主反矯居表反疏其蓋至誣也○正義曰掩蓋愆失妄數美善是矯詐誣罔也進退無辭則虛以求
媚作虛辭以求媚於神○媚眉記反是以鬼神不饗其國以禍之祝史與焉所以夭昬孤疾者爲暴君使也
其言僭嫚於鬼神公曰然則若之何對曰不可爲也言非誅祝史所能治○僭子念反下僭令同嫚武諫反山林之木衡鹿
守之澤之萑蒲舟鮫守之藪之薪蒸虞候守之海之鹽蜃祈望守之衡鹿舟鮫虞候祈望皆官名也言公專守山澤之利不與

宦官

宦官起原甚早

管子七臣七主「臣下是以閨君聽妻之之以為威福」

小稱篇管仲言「公喜宮而妒，豎刁自刑而為

公治內」

據其說，即知宦官之起原蓋古矣。古時

言兩邦刑，刑人不在族也（如吳越楚等事

為證

內小臣奄上士四人史二人徒八人奄稱士者異其賢

疏內小至八人○釋曰在此者案其職云掌王后之命正其服位案夏官大僕職云出入王之大命正其服位則此小臣侍后職與大僕侍王同亦是佐后之事故在此用奄者以其所掌在內故○注奄稱士者異其賢○釋曰案上酒人漿人等奄並不稱士則非士也獨此云以其有賢行命爲士故稱士也案詩巷伯奄官也注云巷伯內小臣小臣於宮中爲近故謂之巷伯必知巷伯與小臣爲一人者以其俱名奄又言巷亦宮中爲近又稱伯長也內小臣又稱士亦是長義故知一人也

內小臣即巷伯

奄稱士者異其賢人

內小臣侍后與大僕侍王同

漿人奄五人女漿十有五人奚百有五十人女漿女奴曉漿者○漿子良反【疏】漿人○釋曰在此者案其職云掌供王之六飲入于酒府飲是酒類故在此也

案下文

籩人奄一人女籩十人奚二十人

醢　一　醢二十　四十

醯　二　醯二十　四十

鹽　二　鹽二十　四十

冪　一　十　二十

寺人王之正内五人寺之言侍也詩云寺人孟子正内路寢

疏 寺人至五人○釋曰在此者案其職云掌王之内人及女宫之戒令故在此○注寺之至路寢○釋曰云寺之言侍者欲取親近侍御之義此奄人也知者見僖二十四年晉文公既入吕郤欲焚公宫寺人披請見公使讓之且辭焉披曰齊桓公置射鉤而使管仲相君若易之行者甚衆豈唯刑臣彼寺人披自稱刑人明寺人奄人也若然寺人既掌内人不掌男子而秦詩云欲見國君先令寺人而掌男子者彼秦仲宣王命作大夫始大有車馬其官未備故寺人兼小臣是以寺人得掌男子詩云寺人孟子者引證經寺人孟子同也又云正内路寢者寺人既不得在王之路寢而云内正五人者謂在后之路寢耳若王之路寢不得稱内以后宫故以内言之故先鄭下注后六宫前一後五前一則路寢

掌以為婦人所獨故因其稱也 僮使人無二人
疏黃夫人之是庭僚事為何為胥子故
如例「侍從」「劉女」諸之以同黃人人
之例 六 生寺人人亦內 一 豎則
宮中用童子而患其大長人也 豎之
為言僮也之言共侍之子 僮也

周官

寺人　巷伯

巷伯刺幽王也寺人傷於讒故作是詩也 巷伯奄官寺人內小臣也奄官上士四人掌王后之命於宮中爲近故謂之巷伯與寺人之官相近讒人譖寺人寺人又傷其將及巷伯故以名篇。巷伯官名也寺如字又音侍奄於檢反官本或將此注爲序文者近附近之近下近嫌同 疏 巷伯七章上四章章四句次章五句次章八句卒章六句至奄官。正義曰此經無巷伯之字而名篇曰巷伯故序解之云巷伯奄官言奄人爲此官也官下有兮衍字定本無巷伯奄官四字於理是也以俗本多有故解之。箋巷伯至名篇。正義曰巷伯是內官也其官用奄上士四人爲之其職掌王后之命天官序官云小臣奄上士四人注云奄稱士異其賢其職云掌王后之命是也又解內小臣而謂之巷伯者以其此官於宮中爲近故謂之巷伯也釋宮云宮中巷謂之壼孫炎曰巷舍間道也王肅曰今後宮稱永巷是宮內道名也伯長也主宮內道官之長人主於羣臣貴者親近賤者疏遠主宮內者皆奄人奄人之中此官最近人主故謂之巷伯也巷伯是內小臣者以周禮無巷伯之官奄雖小臣爲長主巷之伯唯內小臣耳故知是也蓋其官名內小臣時人以其職號之稱爲巷伯也與寺人官相近者寺人亦奄人其職曰掌王之內人及女官之戒令同掌宮內是相近也寺人自傷讒作詩輙名篇爲巷伯以其官與巷伯相近讒人譖寺人寺人又傷其將及巷伯故以巷伯名篇以所掌既同故恐相連及也

楊園之道猗于畝丘 楊園園名猗加也畝丘丘名箋云欲之楊園之道當先歷畝丘以言此讒人欲譖大臣故從近小者姤。猗於綺反徐於宜反 寺人孟子作爲此詩凡百君子敬而聽之 寺人而曰孟子者罪已定矣而將踐刑作此詩也箋云寺人王之正內五人作起也孟子起而爲此詩欲使衆在位者愼而知之既言寺人復自著孟子者自傷將去此官也。作爲此詩一本云作爲作詩 疏 楊園至聽之。正義曰寺人以身既得罪恐更濫及善人故戒時在位令使自愼古人欲往之楊園之道當先加歷於畝丘而乃後於楊園也以與讒人欲行譖大臣之法亦當毀害於小臣而訖乃後至於大臣也讒人立意如此故我寺人之中字曰孟子者起發爲小人之更讒而作巷伯之詩使凡百汝衆在位之君子者當敬愼而聽察之知我之無罪而被讒讒人不已而敬愼也此言凡百則恐徧及在位而獨以巷伯名篇者以職與巷伯相近巷伯是其官長故特憂之當云作賦詩定本云作爲此詩又定本箋有作起也作爲也二訓自與經相乖非也。傳楊園至丘名。正義曰釋丘云如畝畝丘李巡曰謂丘如田畝曰畝丘也孫炎曰方百步也以畝丘丘名故知楊園亦園名也於時王都之側蓋有此園丘詩人見之而爲辭也。傳寺人至此。正義曰毛解言已定之意也知罪已定者若不定則不應疾讒人如此之甚也以罪定故知將踐刑也由踐刑而作此詩知自言孟子以殊於餘寺人不被讒者也。箋寺人至此宮。正義曰寺人王之正內五人天官序官文也彼注云寺人之言侍也正內路寢也則五人當在路寢侍王之側也箋言此者明寺人非一也毛解自云孟子之意箋又解自言寺人之意由自傷將去此官故舉官言之

寺人內小臣

車鄰鄰有馬白顛鄰鄰衆車聲也白顛的顙也。顛都田反的丁歷反顙桑黨反未見君子寺人之令寺人內小臣也箋云欲見國君者必先令寺人使傳告之時秦仲又始有有

十三經注疏 詩六之三 國風 秦 九

此臣。寺如字又音侍本亦作侍字寺人奄人令力呈反注同又力政反沇力丁反韓詩作伶云使伶傳直專反疏有車至之令。正義曰此美秦初有車馬侍御之好言秦仲有車衆多其聲鄰鄰然有馬衆多其中有白顛之馬車馬既多又有侍御之臣未見君子秦仲之時若欲見之必先有寺人之官令請之使寺人傳告秦仲然後人得見之。傳鄰鄰至的顙。正義曰車有副貳明非一車故以鄰鄰爲衆車之聲車既衆多則馬亦多矣故於馬見其毛色而已不復言衆多也釋畜云馬的顙白顛舍人曰的白也顙額也額有白毛今之戴星馬也。傳寺人內小臣。正義曰天官序官云內小臣奄上士四人寺人王之正內五人則天子之官內小臣與寺人別官也燕禮諸侯之禮也經云獻左右正與內小臣是諸侯之官有內小臣也左傳齊有寺人貂晉有寺人披是諸侯之官有寺人也然則寺人與內小臣別官矣此云寺人內小臣者解寺人官之尊卑及所掌之意言寺人是在內細小之臣非謂寺人卽是內小臣之官也內小臣之官與寺人之官猶自別矣若然巷伯箋云巷伯內小臣奄官上士四人與寺人之官相近彼言巷伯內小臣巷伯卽是內小臣之官此傳言寺人內小臣而知寺人非內小臣之官者毛鄭異人言非一概正以天子諸侯之官內小臣與寺人皆別明傳意不以寺人爲內小臣之官也巷伯所以知卽是內小臣者以寺人作詩而篇名巷伯明巷伯非寺人序言巷伯奄官則巷伯與寺人之官同掌內事相近明矣巷者宮中道名也伯者長也主宮巷之官最長者唯有內小臣耳故知巷伯卽是內小臣之官也。箋欲見至此臣。正義曰附庸雖未爵命自君其國猶若諸侯故言欲見國君使寺人傳告之擧寺人以美秦仲者明仲又始有此臣也案夏官小臣掌王之命天官寺人掌王之內人及女宮之戒令然則天子之官自有小臣主王命寺人主內令不主王命矣燕禮云小臣戒與者則諸侯之官有小臣亦應小臣傳君命此說國君之禮使寺人傳命者天子備官故外內異職諸侯兼官外內共掌之也僖五年左傳說晉獻公使寺人披伐公子重耳於蒲昭十年傳說宋平公之喪使寺人柳熾炭于位則諸侯寺人傳達君命是禮之常也。

農官

鄭注禮[illegible]人望此　箋訓為閔[illegible]

詩大雅召旻[illegible]

奄 漢謂之宦人

女奴從坐男女沒入縣官為奴其少才知以為

奚 或曰奚宦女

奄亦府史之類

女酒與奚為什長若胥徒

奚三百人

酒人奄十人女酒三十人奚三百人奄精氣閉藏者今謂之宦人月令仲冬其器閎以奄女酒女奴曉酒者古者從坐男女沒入縣官爲奴其少才知以爲奚今之侍史官婢或曰奚宦女。奄於撿反劉於驗反徐於劒反奚如字又胡禮反坐才卧反疏酒人至百人。釋曰奄十人以其與女酒及奚同職故用奄人奄不稱士則此奄亦府史之類以奄爲異也言女酒三十人則女酒與奚爲什長若胥徒也奚三百人以其造酒故須人多也。注奄精至宦女。釋曰案月令冬三月皆云其氣閎以奄獨引仲冬者以其十一月一陽爻生以其奄人雖精氣閉藏猶少有精氣故也又云女酒女奴曉酒者云云鄭依秋官司厲從坐男女沒入縣官爲奴則奴者男女同名以其曉解作酒有才智則曰女酒其少有才智給使者則曰奚已下云曉者謂曉解當職之物不復重釋之也侍使官婢舉漢法言之又云或曰宦女者漢時有此别號按左氏晉惠公之女名妾稱爲宦女謂宦事秦公子亦云宦女也

奄官文例

襄二　春……齊侯伐萊萊人使正輿子賂夙沙衛以索馬牛皆百

匹夙沙衛齊寺人索簡擇好者○萊音來輿音餘本亦作與索所白反疏馬牛皆百匹○正義曰司馬法丘出馬一匹牛三頭則牛當稱頭而亦云匹者因馬而名牛曰匹并言之耳經傳之文此類多矣易繫辭云潤之以風雨論語云沽酒市脯不食玉藻云大夫不得造車馬皆從一而省文也齊師乃還君子是以知齊靈公之爲靈也謚法亂而不損曰靈言謚應其行○應應對之應年末同

宦　宦

　　　　　　　寺人勃主武立

一傳十七　　源作傳三

　　寺人披

傳弗

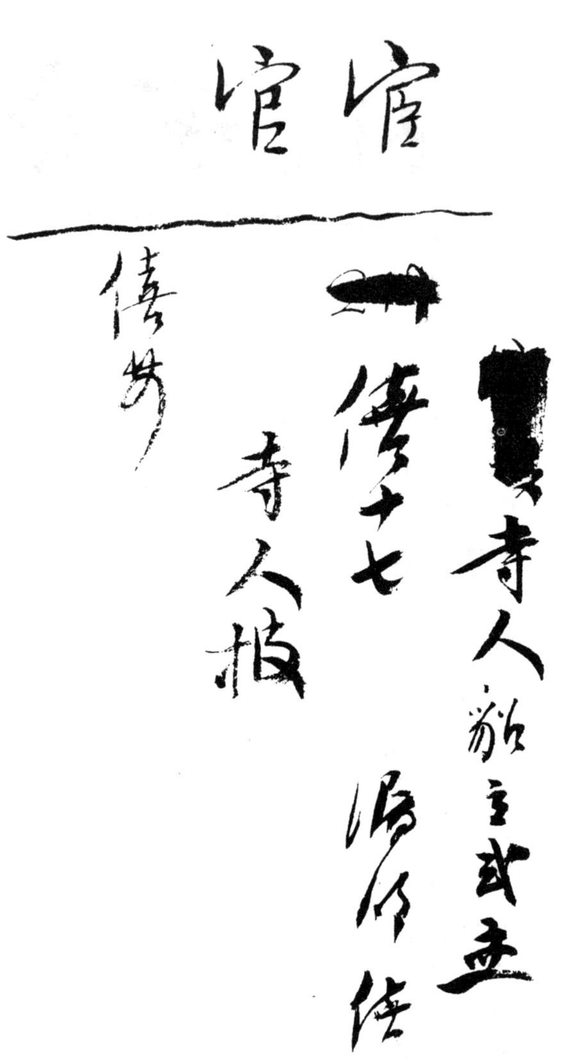

寺人勃鞮

侯問原守於寺人勃鞮勃鞮披也○守手又反勃步忽反鞮丁兮反對曰昔趙衰以壺飱從徑餒而弗食言其廉且仁不忘君也徑猶行也○飱音孫從才用反舊如字徑古定反一讀以壺飱從絕句讀徑爲經連下句乖於杜意餒如罪反餓也○疏注言其至行也○正義曰杜以徑猶行者以傳文爲徑故釋爲行上讀爲義劉炫改徑爲經謂經歷飢餒下屬爲句輒改其字以規杜氏非也故使處原從披言也衰雖有大功猶簡小善以進之示不遺勞○披普皮反○晉

傳二年春鄭師侵宋楚令也○齊侯伐萊萊人使正輿子賂夙沙衛以索馬牛皆百

奄人

以受奄人唁爲辱｜[illegible]參看襄十八殖綽郭最以衛殿師爲辱

已此經已書石買縱蒯是卿亦不書杜爲此注者蘇氏云孫氏世爲上卿蒯若是上卿應書蒯不書石買故云非卿也或可事由孫蒯故決之曹人愬于晉爲明年晉人執石買傳。愬悉路反齊人以其未得志于我故。前年圍成。辟孟孺子秋齊侯伐我北鄙圍桃高厚圍臧紇于防防臧紇邑。紇恨發反。師自陽關逆臧孫至于旅松陽關在泰山鉅平縣東旅松近防地也魯師畏齊不敢至防。近附近之近下居近同。郰叔紇臧疇臧賈帥甲三百宵犯齊師送之而復郰叔紇叔梁紇臧疇臧賈臧紇之昆弟也三子與臧紇共在防故夜送臧紇於旅松而復還守防。郰側留反復還扶又反。齊師去之失臧紇故齊人獲臧堅堅臧紇之族。齊侯使夙沙衛唁之且曰無死使無自殺。唁音彥堅稽首曰拜命之辱抑君賜不終姑又使其刑臣禮於士以杙抉其傷而死言使賤人來唁已是惠賜不終也夙沙衛奄人故謂之刑臣。杙羊職反抉烏穴反徐又古穴反傷如字一本作瘍音羊【疏】君賜不終正義曰來唁是君之恩賜使賤者唁是爲惠不終也服虔云言君義已故來唁之是惠賜也謂已無死不以義望已是不終也。冬邾人伐我南鄙爲齊故也齊未得志於魯故邾助之。爲

襄十七

庵言

可不謹慎詩曰不自我先不自我後其是之謂乎詩小雅言禍亂不在他正當已身以喻高疆身自取此禍○冬十二月宋平公卒

初元公惡寺人柳欲殺之元公平公大子佐也○惡烏路反寺又作侍疏詩曰至我後○正義曰正月大夫刺幽王也云父母生我胡俾我瘉不自我先不自我後注云父母謂文武也

天使父母生我何故不長遂我而使我遭此暴虐之政而病此何不出我之前居我之後窮苦之情苟欲免身○○平○正義曰謚法内外賓服曰平○元正義曰謚法好建國都曰元及喪柳熾炭于位以溫

地○熾尺志反炭吐旦反將至則去之使公坐其處○去起呂反惡烏路反比葬又有寵言元公好惡無常○比必利反好呼報反惡烏路反

昭十

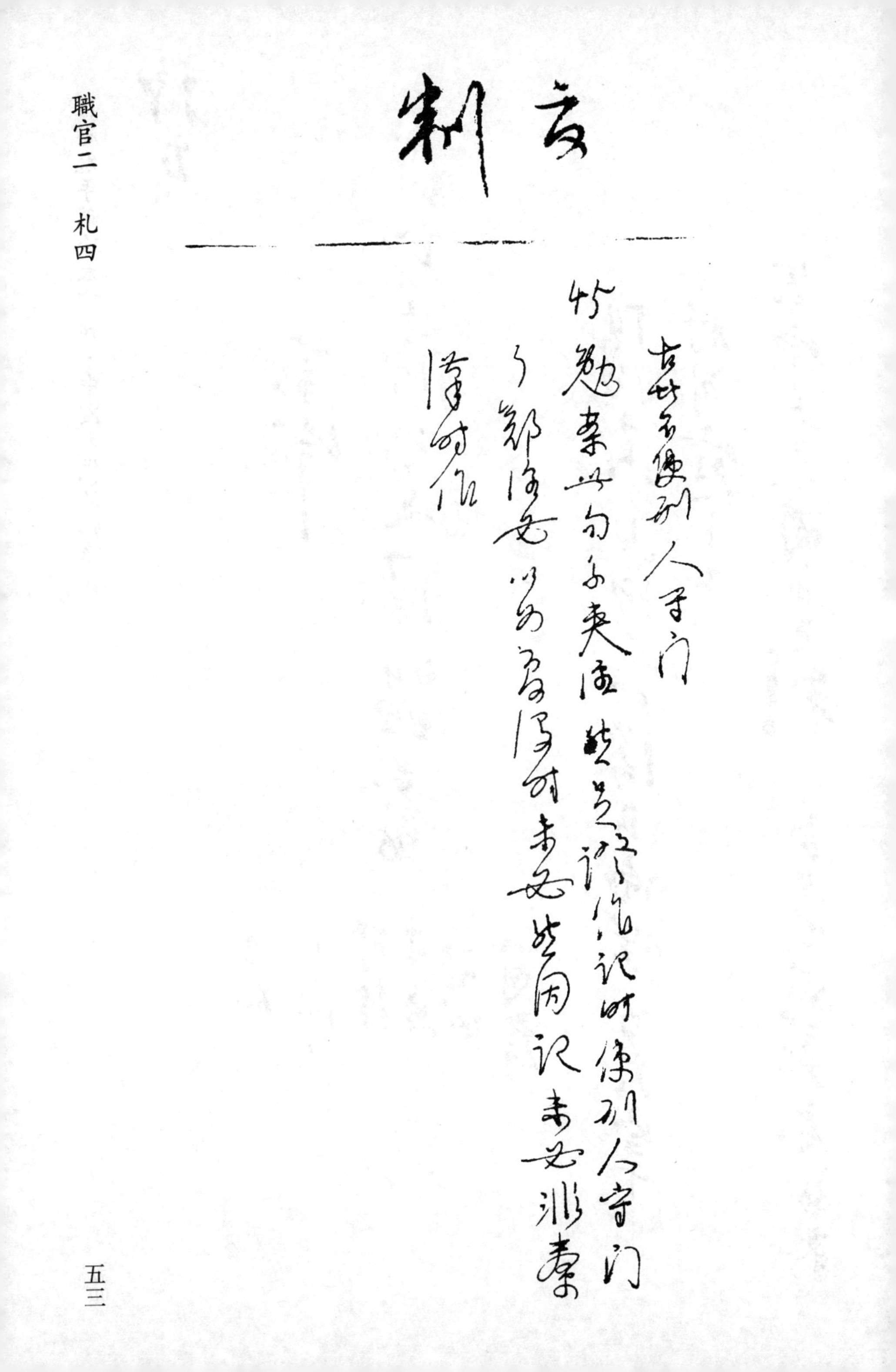

卿士

冢宰

宋六卿 文7 16 成22 哀26

右師 左師 司徒 司馬 司城 司寇

成十五 六卿之外復有向帶為太宰

於司寇上下

冢宰之人 荀子王制

因[illegible]通[illegible]府[illegible]

鄉大夫辯

實事求是齋經義二

琦

某比十三郎中大夫

寶上 右朝奉郎下郎、、、

嘗同宿太尉總管都閱設卅參傳

共任待詔卿三人使讓尚書五人

計兩年及三朝大夫

「王者託周之官三卿以令于天下」

以義通乎大臣統同王制

臺省

之輔

日處近侍之　同論諫諍之職

「實指爲古學家精所在」注「本緒指古文家精之言也」

續古文自志（卅三下廿）

以雎之祉續當出也

財政

出計簿

未服經何得書取苟出有臚而規杜氏非也○初臧昭伯如晉臧會竊其寶龜僂句（僂句龜所出地名○僂力主反又力具反句居具反）【疏】（注僂句至地名○正義曰釋魚云一曰神龜二曰靈龜三曰攝龜四曰寶龜五曰文龜六曰筮龜七曰山龜八曰澤龜九曰水龜十曰火龜則龜名无僂句故云所出地之名臧氏有蔡又有此蓋所寶非一）以卜爲信與僭僭吉（僭不信也○僭子念反注同）臧氏老將如晉問（問昭伯起居）會請往（代家老行）昭伯問家故盡對（故事也）及內子與母弟叔孫則不對（內子昭伯妻不對者有他故）再三問不對歸及郊會逆問又如初（又不對）至次於外而察之皆無之執而戮之逸奔郈郈魴假使爲賈正焉（郈在東平无鹽縣東南魴假郈邑大夫賈正掌貨物使有常價若市吏○魴音房賈音嫁注同）【疏】（使爲賈正焉○正義曰賈正如周禮之賈師也賈師二十四則一人其職云各掌其次之貨賄之治辨其物而均平之禁貴賣者使有恒賈此郈邑大夫使爲賈正使爲郈市之賈正也郈在後爲叔孫私邑此時尙爲公邑故使賈正通計簿於季氏）計於季氏（送計簿於季氏○簿步戶反）臧氏使五人以戈楯伏諸桐汝之閭（桐汝里名○楯食準反又音允）會出逐之反奔執諸季氏中門之外平子怒曰何故以兵入吾門拘臧氏老季臧有惡（相怨惡）及昭伯從公平子立臧會（立以爲臧氏後）會曰僂句不余欺也（傳言卜筮之驗善惡由人）

制可

貴子三三郎大夫七七程傑大作

奉綸発行別紙二〇の

殘

終養之始

陔餘叢考卷三八十者一子不從政漢世引為終養之誤

韓詩外傳（六）8上

大戴（三）14上（八）7下 8下（九）2下

官制

世卿

傳十六年春葬晉悼公平公卽位平公悼公子彪。彪彼虯反。羊舌肸爲傅肸叔向也代士渥濁。肸許乙反向許丈反疏傳羊舌肸爲傅。正義曰成十八年傳士渥濁爲大傅此代士渥濁亦當爲大傅也。。宣十六年士會將中軍且爲大傅注云大傅孤卿彼以中軍之將兼之故知是孤卿也士渥濁以大夫居之今此復代渥濁亦是大夫也昭五年傳楚子稱叔向爲上大夫明此以上大夫爲傅也諸侯之有孤卿猶天子之有三公無人則闕故隨其本官高下而兼攝之也而衞冀隆不達此意以士渥濁叔向等皆爲卿故爲大傅若是大夫何得居孤卿之任妄以難杜於義非也。張君臣爲中軍司馬張老子代其父祁奚韓襄欒盈士鞅爲公族大夫祁奚去中軍尉爲公族大夫去劇職就閒官韓襄無忌子也。閒音閑也虞丘書爲乘馬御代程鄭。乘繩證反改服脩官烝于曲沃旣葬改喪服脩官選賢能曲沃晉祖廟烝冬祭也諸侯五月而葬旣葬卒哭作主然後烝嘗於廟今晉踰月葬作主而烝祭傳言晉將有溴梁之會故速葬。烝之承反警守而下

襄十六

告別

三元即 三元甲子癸亥

[illegible]歲[illegible]月[illegible]日

[illegible]共[illegible]十二[illegible]

[illegible]

扶而起謂天子諸侯也杖而起謂大夫士也以此共三年若法若言行若道王引之云若猶此也使王公大人行此則必不能蚤朝俞云蚤朝下脫宴退二字蚤朝晏退與下蚤出夜入夙興夜寐對文若無宴退二字文義未完尚賢中篇非樂上篇非命下篇並有蚤朝晏退之文尚賢篇與夜寢夙興蚤出莫入相對非樂篇非命篇與蚤出莫入夙興夜寐相對是其證也按俞說是也但此處挩文尚不止此二字今未敢輒補五官六府此當作使士大夫行此則必不能治五官六府蓋上王公大人指天子諸侯言此治五官六府辟草木寔倉廩指卿大夫言也非樂上篇云王公大人蚤朝晏退聽獄治政此其分事也士君子內治官府外收斂關市山林澤梁之利以寔倉廩府庫此其分事也此與彼正同今本五官上有挩文遂以五官六府以下並為王公大人之事非也又按五官者殷周侯國之制也史記周本紀云古公作五官有司大戴禮記千乘篇云千乘之國列其五官曾子問諸侯適天子乃命國家五官而後行鄭注云五官五大夫典事者管子大匡篇云乃令五官行事管子君臣篇云地廣民眾故分五官而守之戰國策齊策云五官之計不可不日聽也曲禮天子之五官曰司徒司馬司空司士司寇典司五眾天子之六府曰司土司水司木司草司器司貨典司六職鄭注云此亦殷時制也府主藏六物之稅者周禮大宰說邦國官制云設其參傅其伍鄭注云伍謂大夫五人檀弓孔疏引崔靈恩說謂小宰小司徒小司馬小司寇小司空是也蓋諸侯雖止三卿然亦備五官但其二官無卿耳戰國時諸侯蓋猶沿其制至淮南子天文訓云何謂五官東方為田南方為司馬西方為理北方為司空中央為都春秋繁露五行相生篇云司馬者火也司營者土也司徒者金也司寇者水也司農者木也左昭二十九年傳云五行之官是謂五官木正曰句芒火正曰祝融金正曰蓐收水正曰玄冥土正曰后土此並古五官之別制與周侯國五官之名稱甚合也六府古籍無明文曲禮六府鄭君以為殷制則非周法左傳文七年大戴禮記四代篇並以水火金木土穀為六府亦非官府漢書食貨志說太公為周立九府圜法顏注謂即周官大府玉府內府外府泉府天府職內職金職幣等官若然天子有九府六府或亦諸侯制與辟草木畢云辟同闢草即艸字叚音實倉廩使農夫行此則必不能蚤出夜入畢云夜一本作晚耕稼樹藝說文

修度

古官

是故有道之君上有五官以牧其民則衆不敢踰軌而行矣下有五橫以揆其官則有司不敢離法而使矣橫謂糾察之官得入人罪者也五官各有其橫曰五橫朝有定度衡儀以尊主位衡正衣服緷絻盡有法度緷絻古衮冕字則君體法而立矣體猶依也君據法而出令有司奉命而行事百姓順上而成俗著久而為常著明而且久積習而為常也犯俗離教者衆共姦之衆以離教為姦而罪之也則為上者佚矣天子出令於天下諸侯受令於天子大夫受令於君子受令於父母下聽其上弟聽其兄此至順矣衡石一稱斗斛一量丈尺一緷制所謂同律度量衡也緷古准字准節律度量也謂丈尺各有准限也戈兵一度書同名車同軌此至正也從順獨逆從正獨辟此猶夜有求而得火也衆皆從順而有獨逆者衆皆從正而有獨僻者必為順正者所服也姦偽之人無所

管子君臣上

至也昔者黃帝得蚩尤而明於天道。得大常而察於地利。得奢龍而辯於東方。得祝融而辯於南方。得大封而辯於西方。得后土而辯於北方。黃帝得六相而天地治。神明至。蚩尤明乎天道。故使為當時。謂知天時之所當也大常察乎地利。故使為廩者。廩給也謂閒廩以給人也奢龍辯乎東方。故使為土師。土師即司空也祝融辯乎南方。故使為司徒。謂主徒衆使務農也大封辯於西方。故使為司馬。主兵馬以出征后土辯乎北方。故使為李。李獄官也取使衆水之平也是故春者土師也。夏者司徒也。秋者司馬也。冬者李也。昔黃帝以其緩急作五聲調政理之緩急作五聲也以政五鍾。令其五鍾。一曰青鍾大音。大音東方鍾名二曰赤鍾重心。三曰黃鍾灑光。四曰景鍾昧其明。五曰黑鍾隱其常。自大音重心已下皆鍾名其義則未聞五聲既調。然後作立五行以正天時。五官以正人位。人與天調。然後天地之美生。美謂甘露醴泉之類也而備足。上尊而民順。財厚而備足。四者備體。（謂備具而成體）頃時而王不難矣。四肢六道。身之體也。（四肢謂手足也。六道謂上有四竅，下有二竅也。）四正五官。國之體也。（四正謂君臣父子。五官謂五行之官也。）四肢不通。六道不達。曰失。四正不正。五官不官。曰亂。是故國君聘妻於異姓。設為姪娣命婦宮女。盡有法制。所以治其內也。明男女之別。昭嫌疑之節。所以防其姦也。是以中外不通。讒慝不生。婦言不及官中之事。而諸臣子弟無宮中之交。此先王所以明德圉姦。昭公威私也。明立寵設。不以逐子傷義。（明立正嫡，設其貴寵，子不令逐而廢之，故不傷義也。）禮私愛驩。勢不竝倫。（嫡子者所以傳重也，故禮許私愛驩之，超異可也。餘子之勢終不得與之竝倫也。）爵位雖尊。禮無不行。（言嫡子爵位雖復尊，異必須行之以禮也。）選為都佼。冒之以衣服。旌之以章旗。所以重其威也。（所立之嫡必選其都雅佼好者，又以美衣麗服覆冒之，章表旗幟旌異之，凡此皆所以重嫡子之威也。）然則兄弟無間郄。讒人不敢作矣。（嫡威重則兄弟和，故讒人無所作其讒矣。）故其立相也。陳功而加之以德。論勞而昭之以法。參伍相德而周舉之。尊勢而明信之。（其謂國相，則功德兩兼，勞法獲美，於此四者參驗伍偶，相與俱得其事，既周然後舉用之。既用之，尊勢而

李同理

足成正名之經令以誣能之臣事私國之君而能濟功名者古今無之誣能之人易知也誣能之人功名所以不濟易可知起下文也臣度之先王者臣管氏自稱舜之有天下也禹為司空契為司徒皋陶為李古治獄之官作此李官后稷為田此四士者天下之賢人也猶尚精一德謂各精一事也以事其君今誣能之人服事任官皆兼四賢之能自此觀之功名之不立亦易知也結上文也故列尊祿重無以不受也德不足以與其位也勢利官大無以不從也直以勢利官大故每舉必從之以此事君此所謂誣能篡利之臣者也世無公國之君則無直進之士無論能之主則無成功之臣昔者三代之相授也安得二天下而殺之三代無能授於有能桀紂夫之湯武得之今之天下即古之天下豈有二天下而行其刑殺哉

職吏

齊之六官

晏子居於内爲閭上　丙戌年

咨

改令執掌分六部

六卿

職官

右師 左師 司馬 司徒 司城—司空 卿外又有二人

傳七年春公伐邾間晉難也（公因霸國有難而侵小○間間廁之間或如字難乃旦反注同）○三月甲戌取須句寘文公子焉非禮也（邾文公子叛在魯故公使爲守須句大夫也絕大皥之祀以與鄰國叛臣故曰非禮○寘之豉反下同大音泰皥戶老反）○夏四月宋成公卒於是公子成爲右師（莊公子）公孫友爲左師（目夷子）樂豫爲司馬（戴公玄孫）鱗矔爲司徒（桓公孫○矔古亂反）疏 注戴公玄孫鱗矔桓公孫○正義曰世本戴公生樂甫術術生碩甫澤澤生季甫甫生子儀伊與樂豫是也世本又云桓公生公鱗鱗生東鄉矔是也 公子蕩爲司城（桓公子也以武公名廢司空爲司城）華御事爲司寇（華元父也傳言六卿皆公族昭公不親信之所以致亂○御魚呂反本又作禦音同）昭公將去羣公子樂豫曰不可公族公室之枝葉也若去之則本根無所庇廕矣葛藟猶能庇其本根（葛之能藟蔓繁滋者以本枝廕庥之多○去起呂反下及注同庇必利反又悲位反下同廕本又作蔭於鴆反藟本或作蘽力軌反蔓音萬庥許求反又作庇蘽類龜反）故君子以爲比（謂詩人取以喻九族兄弟○比必爾反）疏 葛藟至爲比○正義曰此引葛藟王風葛藟之篇也彼毛傳以之爲興此云君子以爲比者但比之隱者謂之興興之顯者謂之比比之與興深淺爲異耳此傳近取庇根理淺故以爲比毛意遠取河潤義深故以爲興由意不同故比與異耳 況國君乎此諺所謂庇焉而縱尋斧焉者也（縱放也）必不可君其圖之親之以德皆股肱也誰敢攜貳若之何去之不聽穆襄之族率國人以攻公（穆公襄公之子孫昭公所欲去者）殺公孫固公孫鄭于公宮（二子在公宮故爲亂兵所殺）疏 注二子至所殺○正義曰經書宋人殺其大夫傳言不稱名非其罪則此二子名氏當見於經亦卿官也僖二十二年傳稱大司馬固於時又有司馬子魚上文樂豫爲司馬下云六卿和公室六卿之外有此二子豈是孤卿之官也宋是上公禮得有孤且春秋之時不必如禮 六卿和公室樂豫舍司馬以讓公子卬（卬昭公弟○舍音捨下同卬五郎反）昭公即位而葬

十三經注疏 春秋左傳十九 文公七年 二十一

文七

職官

太傅太師｜皆孤卿｜

右文六以授太傅……

又　儀常、識

職官

司徒
司馬 卿
司空
宋改司城

遂如京師遂如晉傳云大夫無遂事此其言遂何公不得爲政爾注云不從公政令也時見使如京師而横生事矯君命聘晉故疾其驕蹇自專當絶之者是○宋人殺其大夫司馬○宋司城來奔司馬者何司城者何皆官舉也皆以官名舉言之天子有大司徒大司馬大司空皆三公官名也諸侯有司徒司馬司空皆卿官也宋變司空爲司城者辟先君武公名

十三經注疏 公羊十三 文公八年 九年 三二

也疏司馬者何○解云欲言大夫例不官舉欲言非大夫而經有大夫之文故執不知問○司城者何○解云欲言大夫例不官舉欲言非大夫司城者宋大夫之號故執不知問○注宋變至武公名也○解云桓六年左氏傳文○曷爲皆官舉據宋殺其大夫山不官舉疏注據宋殺至官舉○解云即在成十五年秋○宋三世無大夫三世內娶也宋以內娶故威勢下流三世妃黨爭權相殺司城驚逃子哀奔之主或不知所任朝廷久空故但舉官起其事也大夫相殺例皆時疏注子哀奔亡○解云即下十四年宋子哀來奔是也○注大夫相殺例皆時○解云正以此經及下九年晉人殺其大夫先都晉人殺其大夫士穀之屬皆不別書日月故也知彼此是大夫相殺之經者正以下十六年傳云大夫相殺稱人矣

文八

寏魚呂反又如字不與音預○天王使家父來聘家采地父字也天子中大夫氏采故稱字不稱伯仲也疏注天子至仲也○解云上大夫稱伯仲者即祭伯南季之屬是也若大夫不稱伯仲者即此是也下大夫稱官氏名且字者即宰渠伯糾是也○夏五月丁丑烝何以書譏亟也與上祀同爲亟也疏注與上至亟也○解云周之三月乃是夏之孟月自有春

讀史

札叢第十一組 三年以後中事

官制

使杜洩葬叔孫豎牛賂叔仲昭子與南遺昭子叔仲帶也南遺季氏家臣○賂音路使惡杜洩於季孫而去之憎洩不與己同
志○惡烏路反杜洩將以路葬且盡卿禮路王所賜叔孫車南遺謂季孫曰叔孫未乘路葬焉用之且冢卿
無路介卿以葬不亦左乎冢卿謂季孫介次也左不便○葬焉於虔反下將焉用同介音界左如字注同舊音佐便婢面反季孫曰然使杜洩舍路舍置也○
舍式夜反注同或音捨不可曰夫子受命於朝而聘于王在襄二十四年夫子謂叔孫王思舊勳而賜之路感其有禮以念其先人
復命而致之君豹不敢自乘君不敢逆王命而復賜之使三官書之吾子爲司徒實書名謂季孫也書名定位
號○復扶又反夫子爲司馬與工正書服謂叔孫也服車服之器工正所書孟孫爲司空以書勳勳功也疏吾子至書勳○正義曰杜泄是叔孫家臣
故稱己君爲夫子工正是司馬之屬官也季孟亦有屬官共書其事但季孟身在不假言屬以叔孫已亡取屬官爲說故
兼言之所以司徒書名者周禮大司徒掌十二教十有一曰以賢制爵十有二曰以庸制祿故司徒書名定位號也司馬
與工正書服者周禮夏官司馬其屬有司士掌羣臣之政亦以德詔爵以功詔祿工正雖不屬司馬掌作
車服故與司馬書服也案周禮司勳屬夏官今司空書勳者春秋之時又是諸侯之法不可盡與禮同今死而弗以
是弃君命也書在公府而弗以是廢三官也若命服生弗敢服死又不以將焉用之乃使
以葬

官制

見於梓材之官制

王曰

封以厥庶民暨厥臣達大家 言當用其衆人之賢者與其小臣之良者以通達卿大夫及都家之政於國○暨其器反 以厥臣達王惟邦君 汝當信用其臣

以通王教於民言通民事於國通王教於民惟乃國君之道 汝若恒越曰我有師師 汝惟君道使順常於是曰我有典常之師可師法 司徒司馬司空尹旅

曰予罔厲殺人 言國之三卿正官衆大夫皆順典常而曰我無厲虐殺人之事如此則善矣

○傳言當至於國○正義曰以用也暨與也言用通厥臣可用明此皆賢與良也厥臣文在大家之上故知小臣也言用之者既用其言以爲政又用其人以爲輔本之得大家所用統之即君所遣也以大夫稱家對士庶有家而非大故云大家卿大夫在朝者都家亦卿大夫所得邑也又公邑而大夫所治亦是也用此以行政令上達於國使人君知之也即是庶人升爲士又用庶人進在官者小臣亦得進等而用之周禮有都家之官鄭云都謂王子弟所封及公卿所食邑家謂大夫所食采地傳以大家言之總包大臣故言卿大夫及都家之政卿大夫之政謂在朝所掌者都家之政謂采邑所有政事二者並當通達之於國故連言之○傳汝當至之道○正義曰言汝當信用臣即信用卿大夫及都家自然大家也傳用小臣與庶人故得通王教於民也人君上承於王下治民事故交通其政惟乃國君之道而已鄭以於邑言達大家於國言達王與邦君王爲二王之後即亂名實也○傳汝惟至師法○正義曰即上民事王教通於國人是順常也故總上惟邦君言汝惟君道使順常也典常可師即順常也○傳言國至善矣○正義曰此連上衆若恒之文故云國之三卿正官衆大夫皆順典常也不言士從可知也此曰予罔厲殺人所謂令康叔之語但在臣下宜爲此也以上令下行行之在臣故云我無厲虐殺人之事互明君及臣皆師法而無虐

王啟監厥亂爲民 傳言王者開置監官其治爲民不可不勉

王其效邦君越御事厥命曷以 傳王者其效實

國居今旅御侍事共知共放令所都自自弓不勸
上文唯辰月共因車將多致御侍事不知失所都
别之之多推甲望主府有侯仰暇侍多山妙加
了石勸

[illegible]

荀子言相 三公 [illegible] 士大夫官師

王霸篇「[illegible]」[illegible]

下文三公總方而議 下文[illegible]

已官節

王霸篇「天子三公諸侯一相大夫擅官士保職」

又[illegible]

又末兩節

又[illegible]篇 荀子說[illegible] 今[illegible]

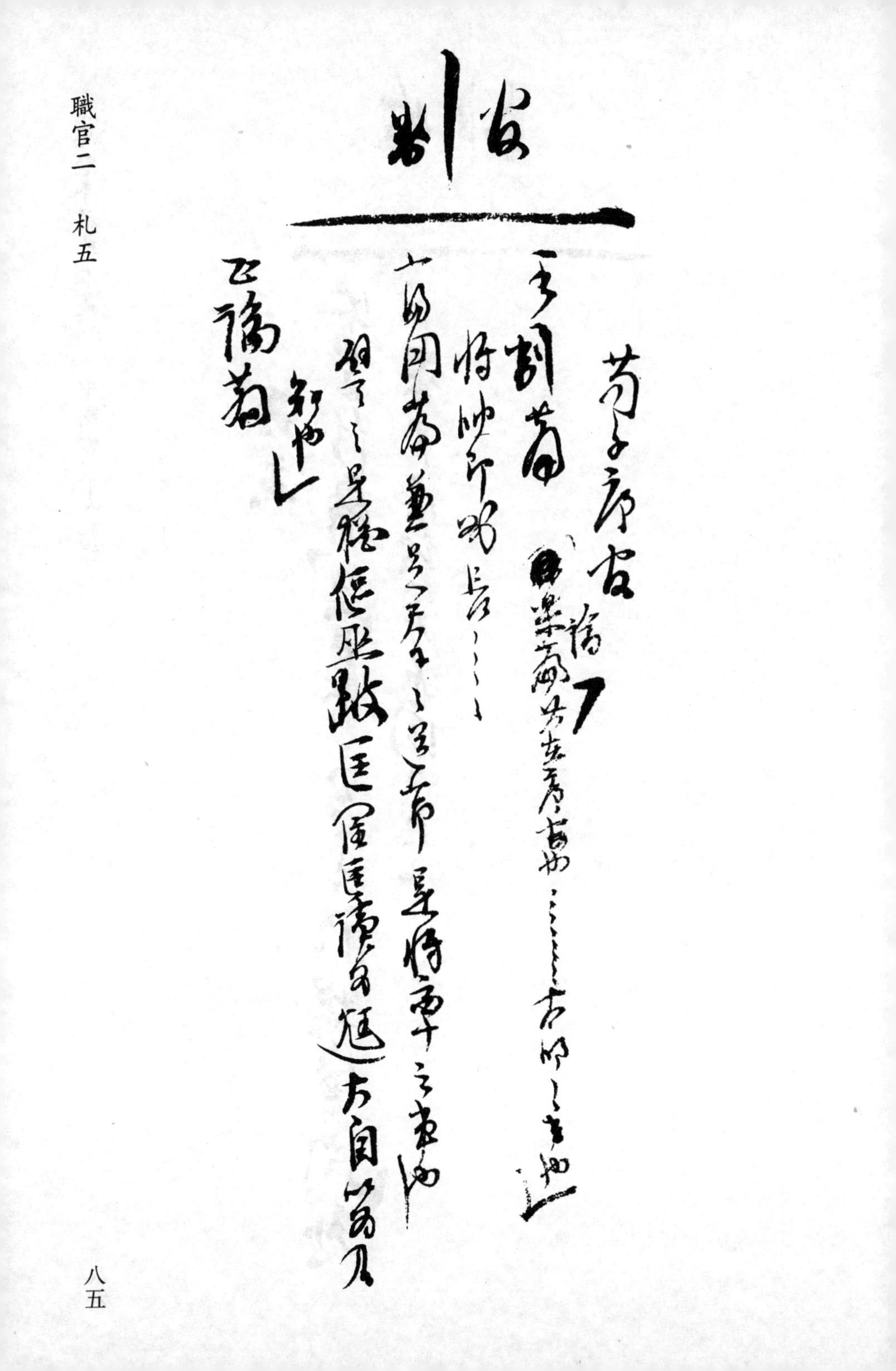

劄劄

不衣

古之作牘下之官者人多年廿聽其後者問然

案尸佼語另有問乎二八

醇方咨

筱子卿閣荅

相

問國之有功大

者何官之吏也。問何官之吏欲知其材之所當 問州之大夫也何里之士也。問何州里欲知其風俗所好尚今吏

亦何以明之矣。問吏所明欲知其優賞厚薄 問刑論有常以行不可改也。今其事之久留也何

若。罪既論決國有常科當奉而行之此不可改易者也今乃久留其事將如之何 問五官有度制。官都其有常斷。今事之

稽也何待。官都謂總攝諸司者也五官既各有制度官都復自有常斷今乃稽其事而不行將何待乎

問執官都其任者鮮何等矣

判文

右某國司某ゝ等解

大目　大守曰　大守[illegible]　大掾

大掾將理國川

管子大臣爲隆明政ゝ以農事理國

子路季ゝゝ爲宰

又小臣爲孔子曾爲人ゝゝ不完

又小臣爲[illegible]内於未具章ゝゝゝ而多見路之人

陳政事

丞言

陳太二[illegible]月下詔中自[illegible]皆[illegible][illegible]遂[illegible]奏月[illegible]成

覇雖命丞相[illegible]趙主於和信乃令五官行

[illegible]

省官

敬同儆戒也

虞師　司空　由田　鄉師　工師

修火憲敬山澤林藪積草夫財之所出以時禁發焉使民於宮室之用薪蒸之所積虞師之事也決水潦通溝瀆修障防安水藏使時水雖過度無害於五穀歲雖凶旱有所粉扶門反穫司空之事也相高下視肥墝觀地宜明詔期前後農夫以時均修焉使五穀桑麻皆安其處由田之事也行鄉里視宮室觀樹藝簡六畜以時鈞修焉勸勉百姓使力作毋偷懷樂家室重去鄉里鄉師之事也論百工審時事辨功苦上完利監壹五鄉以時鈞修焉使刻鏤文采毋敢造於鄉工師之事也

右省官

官制

官職

傳二十六年春晉士蔿爲大司空大司空卿官疏注大司空卿官○正義曰傳於此年以來說士蔿爲獻公設計晉國以安今又言大司空明任以卿位也直言司空者是大夫卽司空亞旅皆受一命之服是也晉自文公以後世爲盟主征伐諸國卿以軍將爲名司空非復卿官故文二年司空士穀非卿也雖則非卿職掌不異成十八年傳曰右行辛爲司空使脩士蔿之法是其典事同也○夏士蔿城絳以深其宮絳晉所都也今平陽絳邑縣

司空——晉以司空非卿而職掌不異

莊廿六

碑言

史記律書太史公曰神農以前尚矣蓋黄帝考定星曆建立五行起消息正閏餘於是有天地神祇物類之官是謂五官各司其序不相亂也、、、、

古籍

呂覽東讀

稿——太華——簽重

初獻六羽初者何始也六羽者何舞也持羽而舞疏初者何。解云獻羽是常而反言初故執不知問。六羽者何。解云諸侯仍用四此反言六羽故執不知問初獻六羽何以書譏何譏爾譏始僭諸公也僭齊也下傚上之辭疏

初獻至以書。解云不但言何以書嫌覆問上文始與舞故復舉句而問之不注之者與三年求賻同故省文六羽之爲僭奈何天子八佾佾者列也八人爲列八八六十四人法八風。佾音逸列也諸公六六人爲列六六三十六人法六律諸侯四四人爲列四四十六人法四時諸公者何諸侯者何天子三公稱公王者之後稱公其餘大國稱侯大國謂百里也疏諸公者何解云正以諸公有二等故執不知問。諸侯者何。解云漫言諸侯明是五等總名文次公下復疑偏指七命故執不知問所以不待荅訖而連句問之者正以上文并解諸公六諸侯四故也。注大國謂百里也。解云公侯方百里王制文也侯與公等者據有功者言之矣。小國稱伯子男者正以上已有侯故不復言之其實凡平之侯亚與伯同小國稱伯子男小國謂伯七十里子男五十里疏注小國至五十里。解云王制文彼注云此地殷所因夏爵三等之制也春秋變周之文從殷之質合伯子男以爲一則殷爵三等者公侯伯也異畿內謂之子周武王初定天下更立五等之爵增以子男而猶因殷之地以九州之界尚狹也周公攝政致大平斥大九州之界制禮成武王之意公地方五百里侯四百里伯三百里子二百里男一百里諸侯亦以功黜陟之其不合者皆益之地爲百里焉是以周世有爵尊而國小爵卑而國大者唯天子畿內不增天子三公者何天子之相也相助也。之相息亮反注及下同疏天子三公者何。解云正以春秋上下無三公之文故執不知問天

予之相則何以三據經但有祭公周公疏注據經至周公○解云即桓八年祭公來云云僖九年公會宰周公是也經但有二公而傳言三公故難之自陝而東者周公主之自陝而西者召公主之一相處乎內陝者蓋今弘農陝縣是也禮司馬主兵司徒主教司空主土春秋撥亂世以絀陟爲本故舉絀陟以所主者言之○陝失冉反何云弘農陝縣也一云當作郟古洽反王城郟鄏召公上照反又作邵音同絀勑律反疏注司馬至言之○解云上傳云諸公者何天子之相天子之相則何以三云云不道二王之後者何二王之後何以二也者正以天子三公主絀陟故偏取言之是以注者解其意始僭諸公昉於此乎前此矣前此則曷爲始乎此僭諸公猶可言也僭天子不可言也傳云爾者解不託始也前僭八佾於惠公廟大惡不可言也還從僭六羽譏本所當託者非但六也故不得復傳上也加初者以爲常也獻者下奉上之辭不言六佾者言佾則干舞在其中明婦人無武事獨奏文樂羽者鴻羽也所以象文德之風化疾也夫樂本起於和順和順積於中然後榮華發於外是故八音者德之華也歌者德之言也舞者德之容也故聽其音可以知其德察其詩可以達其意論其數可以正其容薦之宗廟足以享鬼神用之朝廷足以序羣臣立之學宮足以協萬民凡人之從上教也皆始於音音正則行正故聞宮聲則使人溫雅而廣大聞商聲則使人方正而好義聞角聲則使人惻隱而好仁聞徵聲則使人整齊而好禮聞羽聲則使人樂養而好施所以感蕩血脉通流精神存寧正性故樂從中出禮從外作也禮樂接於身望其容而民不敢慢觀其色而民不敢爭故禮樂者君子之深教也不可須臾離也君子須臾離禮則暴慢襲之須臾離樂則姦邪入之是以古者天子諸侯雅樂鐘磬未曾離於庭卿大夫御琴瑟未曾離於前所以養仁義而除淫辟也○詩傳曰天子食日舉樂諸侯不釋縣大夫士日琴瑟王者治定制禮功成作樂未制作之時取先王之禮樂宜於今者用之堯曰大章舜曰簫韶夏曰大夏殷曰大護周曰大武各取其時民所樂者名之堯時民樂其道章明也舜時民樂其修紹堯道也夏時民樂大其三聖相承也殷時民樂大其護已也周時民樂其伐紂也蓋異號而同意異歌而同歸失禮鬼神例日此不日者嫌獨考宮以非禮書故從末言初可知○夫樂音扶發句之端放此朝廷徒侫反好義呼報反下同徵張里反施式豉反爭爭鬭之爭離也力智反下同邪似嗟反未曾在能反下同淫辟匹亦反縣音玄治定直吏反韶常昭反夏日戶雅反下同護戶故反紂直久反疏注傳云至始也○解云其託始者即上二年傳云無駭者何展無駭也何以不氏貶曷爲貶疾始滅也始滅昉於此乎前此矣前此貶曷爲始乎此託始焉爾曷爲託始焉爾春秋之始也今傳亦宜云前此則曷爲始乎此託始焉曷爲託始焉爾春秋之始也而云僭諸公猶可言僭天子不可言解不得託始意也○注前僭至公廟○解云謂自此以前不必要指春秋前也而言惠公廟者欲道於惠公廟時不爲僭故也○注本所至傳上也○解云由非六之故是以不得復發傳云上古已有六矣○注羽者至化疾○解云知鴻羽者時王之禮且以其則冲天所以象文德之風化疾也故詩云右手秉翟者其兼用之乎○注夫樂本起於和順和順積於中然後榮華發於外者樂記文也○注故聞至性故○解云溫雅而廣大者土之性也方正而好義者金之性也惻隱而好仁者木之性也整齊而好禮者火之性也樂養而好施者水之性也○注樂從至作也○解云樂記文樂由中出和在心是也禮自外作敬在貌是也此注皆出樂記○注取先王至用之○解云謂同其文質也王者治定制禮功成作樂功成治定同時爾功主於王業治主於教民故明堂位曰周公治天下六年朝諸侯於明堂制禮作樂○注失禮至可知○解云失禮鬼神例日者成六年二月辛巳立武宮之屬是也言考宮與獻羽實同日若置日於考宮上則嫌獻羽不蒙之獨自考宮以非禮而已故從下事言初初是非禮辭則獻羽非禮亦可知然考宮得變禮而不置於獻羽上者嫌別日故也知初是非禮者正以初稅畝同文矣○邾婁人鄭

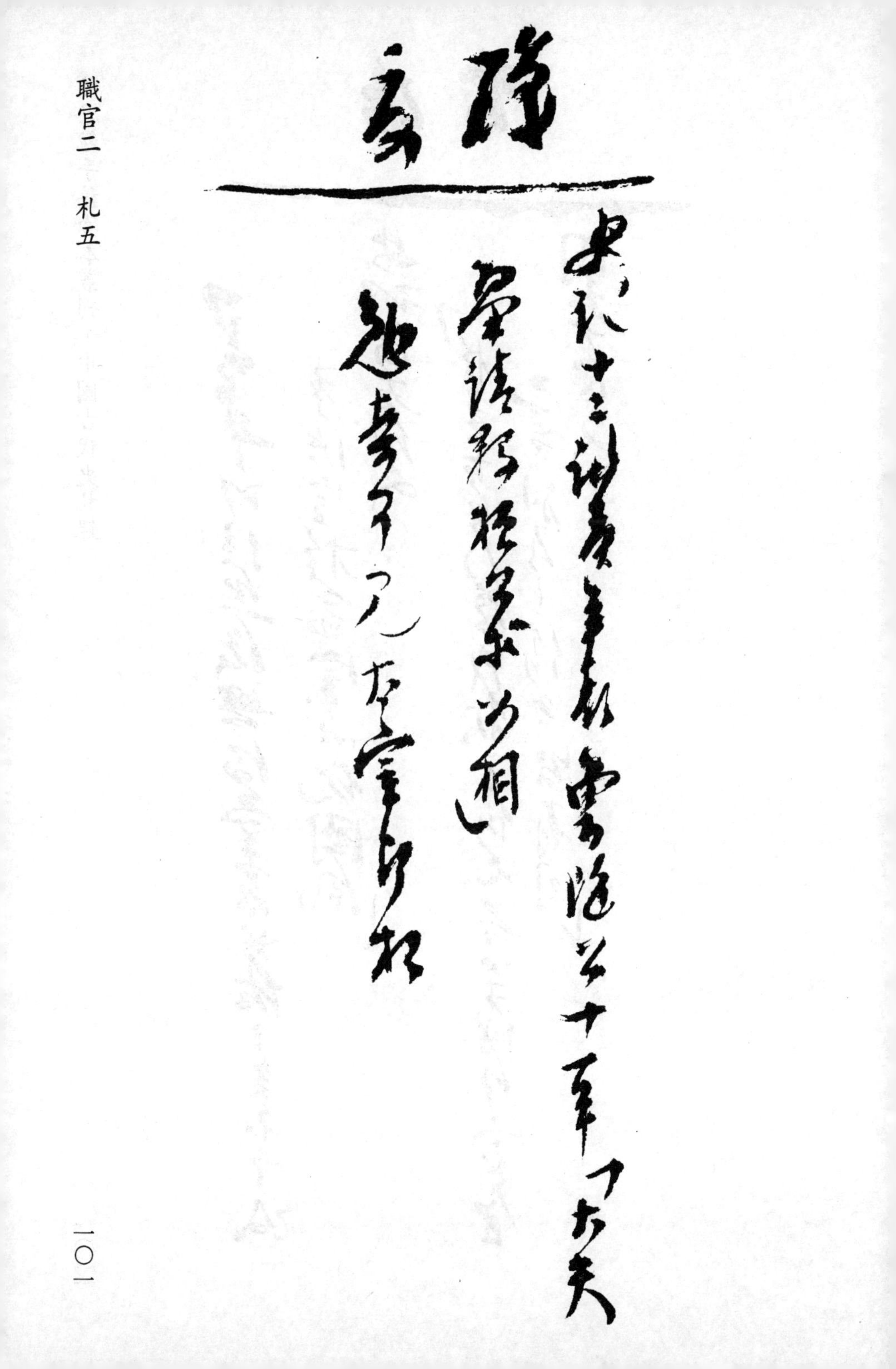

謹奏

[illegible]

[illegible]

[illegible]報

[illegible]

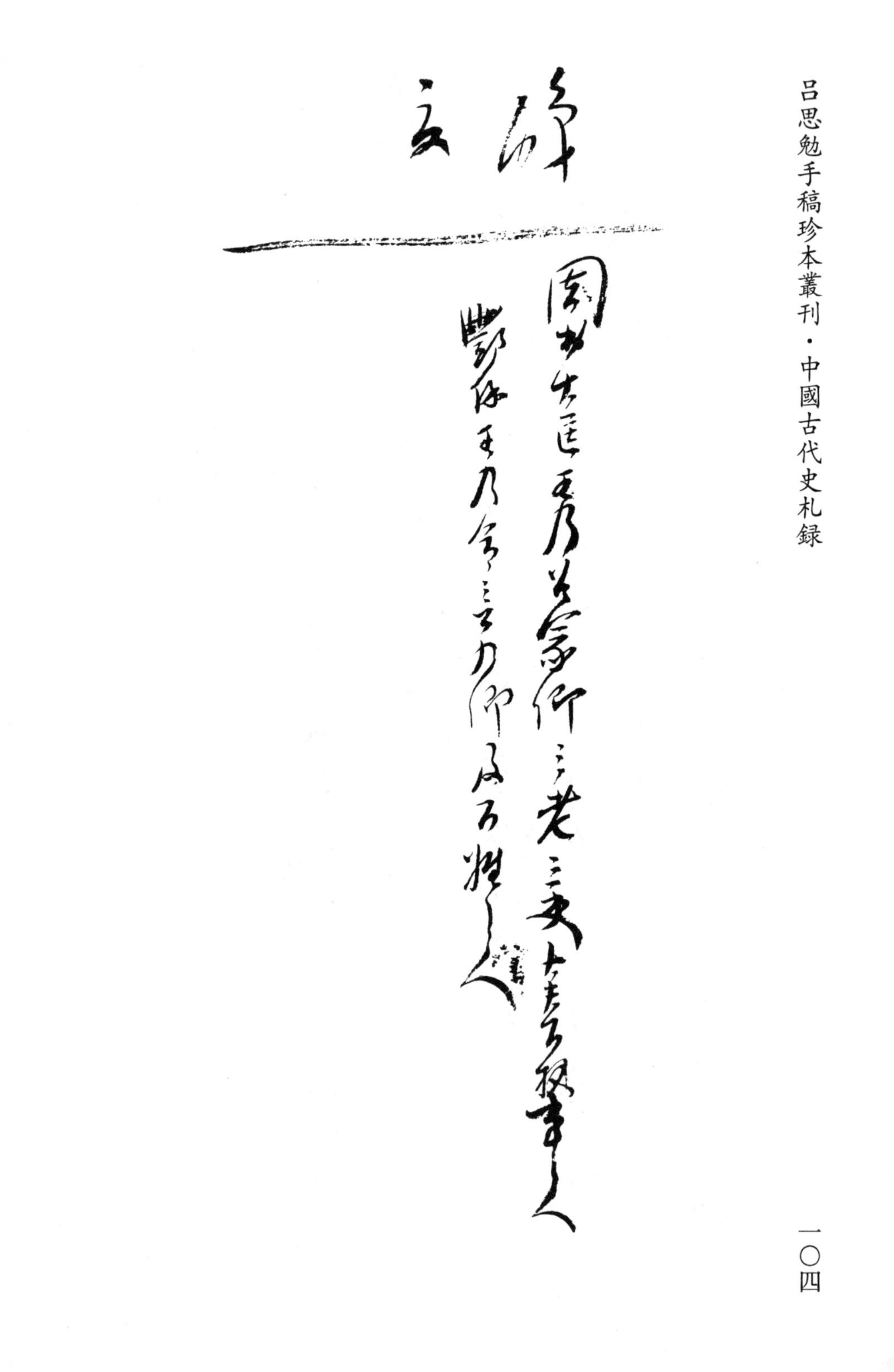

予惟曰汝

劼毖殷獻臣劼固也我惟告汝曰汝當固慎殷之善臣信用之○劼苦八反侯甸男衛矧太史友內史友侯甸男衛之國當慎接之況太史內史掌國典法所賓友乎越獻臣百宗工矧惟爾事服休服采於善臣百尊官不可不慎況汝身事服行美道服事治民乎矧惟若疇圻父薄違農父圻父司馬農父司徒身事且宜敬慎況所順疇咨之司馬乎況能迫迴萬民之司徒乎言任大○圻巨依反父音甫薄蒲各反徐扶各反違如字徐音回馬云違行也若保宏父定辟矧汝剛制于酒宏大也宏父司空當順安之司馬司徒司空列國諸侯三卿慎擇其人而任之則君道定況汝剛斷於酒乎○辟必亦反斷丁亂反疏予惟至於酒○正義曰殷之存亡既可以爲監若是故我惟告汝曰汝當堅固愛慎殷之善臣及侯甸男衛之君則在外尚然況已下太史所賓友內史所賓友於善臣百尊官而不固慎乎此之卑官猶尚固慎況惟汝之身事所服行美事治民而可不固慎乎於已身事猶當固慎況惟所敬順疇咨之圻父能迫迴萬民之農父所順所安之宏父此等大臣能得固慎則可定其爲君之道固慎大臣雖非急要尚能使君道得定況汝又能剛斷於酒乎善所莫大不可加也○傳劼固至用之○正義曰劼固釋詁文將欲斷酒爲重故節文以相況毖訓爲慎言誠堅固謹慎皆敬而釋任之其文通於下皆固慎○傳侯甸至賓友乎○正義曰太史掌國六典依周禮治典教典禮典政典刑典事典也內史掌八柄之法者爵祿廢置殺生與奪此太史內史卽康叔之國大夫知者以下圻父農父宏父是諸侯之三卿明太史內史非王朝之官所賓友者敬也○傳於善至民乎○正義曰於善臣卽上經殷獻臣也百尊官卽上侯甸男衛太史內史也服行美道服事治民卽上汝之身事知服事是治民者民惟邦本諸侯治民

十三經注疏　書十四　周書　酒誥　兲

爲事故也鄭玄以服休爲燕息之近臣服采爲朝祭之近臣非孔意也○傳圻父至任大○正義曰司馬主圻封故云圻父父者尊之辭以司徒教民五土之藝故言農父也以司馬征伐在乎閫外所專故隨順而疇咨之言君所順疇也迫近迴繞於萬民言近民事也二者皆任大○傳宏大至酒乎○正義曰宏大釋詁文以司空亦君所順所安和之故言當順安之諸侯之三卿以上有司馬司徒故知宏父是司空言大父者以營造爲廣大國家之父因節文而分之乃揔之言司馬司徒司空列國三卿令慎擇其人而任之則君道定況剛斷於酒乎爲甚之義也其定辟揔上自劼毖殷獻已下獨言三卿者因文相況而接之其實揔上也三卿不次者以司馬征伐爲重次以政教安萬民司徒爲重司空直揩營造故在下也司徒言於萬民爲迫迴者事務爲主故也司徒不言若者互相明皆爲治民而君所順也

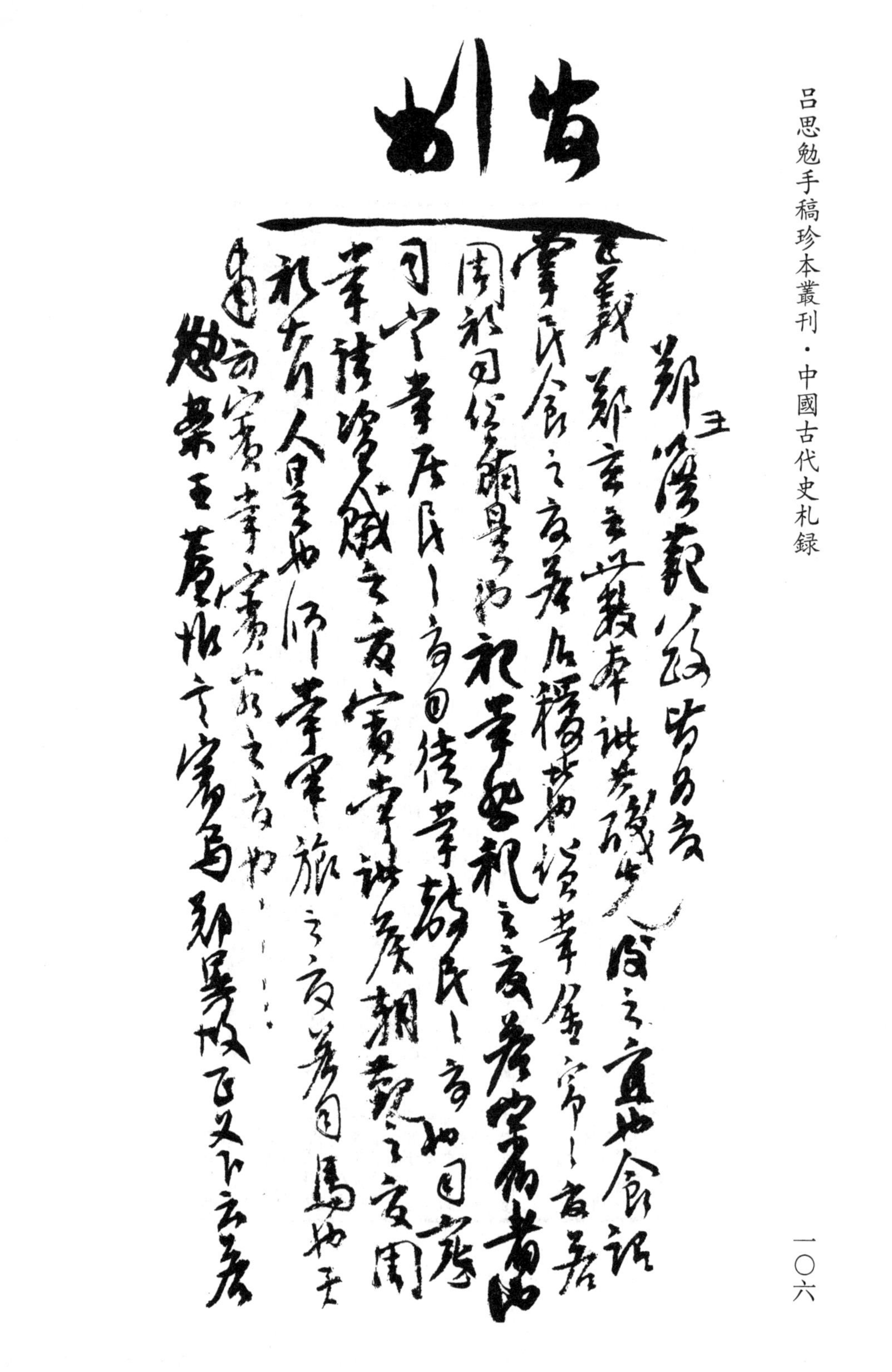

告朔

[illegible]

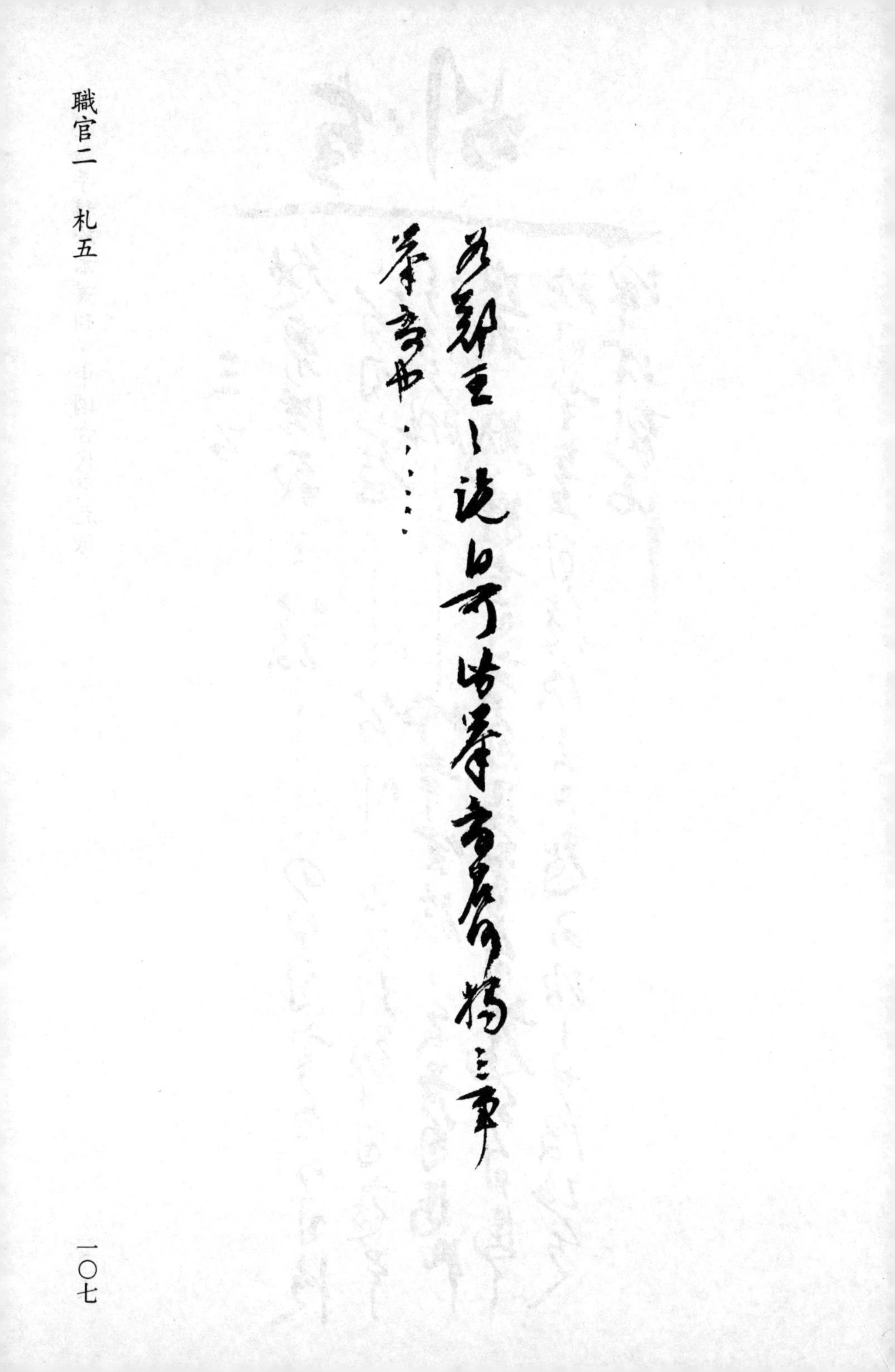

官制

三公

[illegible]

官制

傳天子至命卿○正義曰將戰而名六卿明是卿爲軍將天子六軍其將皆命卿周禮夏官序文也鄭玄云夏亦然則三王同也經言大戰者鄭玄云天子之兵故曰大孔無明說蓋以六軍並行威震多大故稱大戰○傳各有至六事○正義曰卿爲軍將故云乃名六卿及其誓之非六卿而已鄭玄云變六卿言六事之人者言軍吏下及士卒也下文戒左右與御是偏戒在軍之士步卒亦在其間六卿之身及所部之人各有軍事故六事之人爲揔呼之辭

[illegible]

六府

禹貢六府孔修 孔傳水火金木土穀甚修治 言政化和

左氏文七年傳 水火金木土穀謂之六府 [illegible]

[illegible]

[illegible]

舜曰咨四岳有能奮庸熙帝之載奮起庸功載事也訪羣臣有能起發其功廣堯之事者言舜曰以別堯。奮弗運反使宅百揆亮采惠疇亮信惠順也求其人使居百揆之官信立其功順其事者誰乎僉曰伯禹作司空四岳同辭而對禹代鯀爲崇伯入爲天子司空治洪水有成功言可用之帝曰俞咨禹汝平水土惟時懋哉然其所舉稱禹前功以命之懋勉也常居是百揆勉行之。俞以朱反懋音茂王云勉也馬云美也禹拜稽首讓于稷契暨皋陶居稷官者棄也契皋陶二臣名稽首首至地。稽音啓稽首至地臣事君之禮契息列反陶音遥

帝曰俞汝往哉然其所推之賢不許其讓敕使往宅百揆疏舜曰至往哉。正義曰舜本以百揆攝位今既即政故求置其官曰咨嗟四岳等汝於羣臣之內有能起發其功廣大帝堯之事者我欲使之居百揆之官在官而信立其功於事能順者其是誰乎四岳皆曰伯禹作司空有成功惟此人可用帝曰然然其所舉得人也乃咨嗟歎禹汝本平水土實有成功惟當居是百揆而勉力行哉禹拜稽首讓于稷契與皋陶帝曰然然其所讓實賢也汝但往居此職不許其讓也。傳奮起至別堯。正義曰奮是起動之意故爲起也釋詁云庸勞也勞亦功也鄭玄云載行也王肅云載成也孔以載爲事也各自以意訓耳舜受堯禪當繼行其道行之在於任臣百揆臣之最貴求能起發其功廣大帝堯之事者欲任之舜既即位可以稱帝而言舜曰者承堯事下言舜曰以別堯於此一別以下稱帝也。傳亮信至誰乎。正義曰亮信釋詁文惠順釋言文上云舜納於百揆百揆是官名故求其人使居百揆之官居官則當信立其功能順其事者誰乎此官任重當統羣職纘堯之功故歷言所順而後始問誰乎異於餘官先言疇也。傳四岳至用之。正義曰僉訓爲皆故云四岳皆同辭而對也國語云有崇伯鯀堯殛之於羽山賈逵云崇國名伯爵也禹代鯀爲崇伯入爲天子司空以其伯爵故稱伯禹言人之賢而舉其爲官知禹治洪水自成功言可用也。傳然其至行之。正義曰禹平水土往前之事嫌其今復命之令平水土故云稱禹前功以命之懋勉釋詁文。傳居稷至首至地。正義曰下文帝述三人遂變稷爲棄故解之居稷官者棄也獨稱官者出自禹意耳不必著義鄭云時天下賴后稷之功故以官名通稱或當然也經因稷契名單共文言暨皋陶爲文勢耳 三人爲此次者蓋以官尊卑爲先後也周禮太祝辨九拜一曰稽首稽首爲敬之極故爲首至地稽首是拜內之別名爲拜乃稽首故云拜稽首也

勉之案此以百揆爲官名命禹以居司空令官

右下掾　蓋御雅下掾要記於領入右衣右府序
并記の雅日下紙書府美去し々年者使存云相下
皆伯秀司　宜可美去功去日出葉來出年四上
拙宅多紀守　更更民言并向の獻右下紙成兩寄之
々遣出使存文皆伯秀司　宜寺日遣人令世衆
平出安紙定趣之　皆以右掾可更司　宜乃下旨
之一
諸衛佐閣爲并以司使閣更接祥　兼可宜
積功代　右言下御表府　承作日　宜可中上

左氏十八年傳言 后去戍將下軍 此何可定為序

言 據鄭似以為據之隸之 乃見周禮正義序

而吳越者伐其者之……以為閽日可定……者之

鄭注于于竹木而落而空牆可律而髡墨罪為僕郎朝伯多郊似守竹

鄭刑有據以誡同隸此說同墨者守之說也 律者而言之則明律引僅用古者刑人而齋來而據

據錄而重說其何而據者之刑別置於閽內為宿官

別其並矣

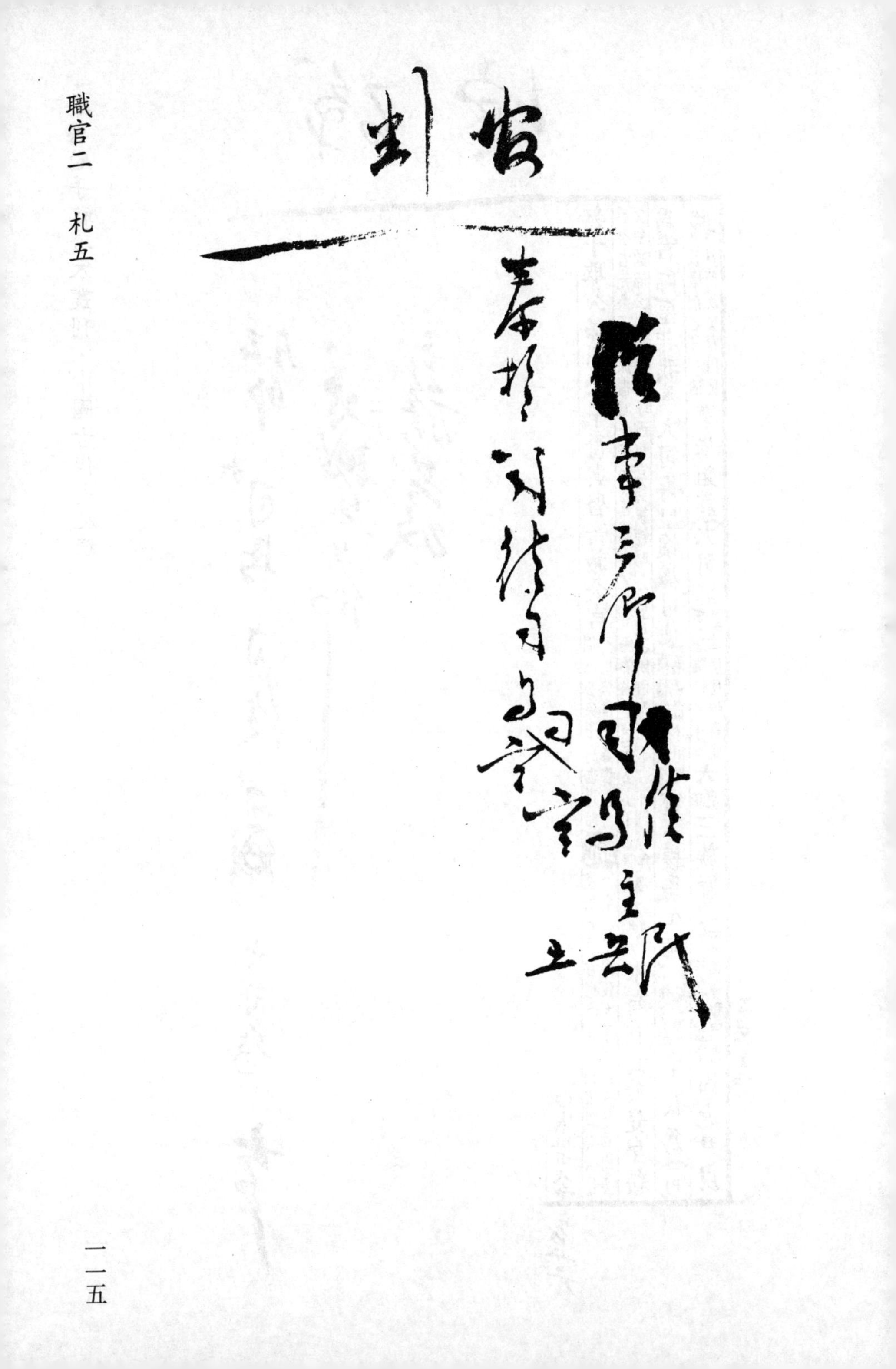

省判

職官

○宋景公

無子取公孫周之子得與啓畜諸公宮周元公孫子高也得昭公也啓得弟畜養也疏注周元至養也○正義曰宋世家云景公卒公子得殺大子而自立是爲昭公昭公者元公之曾孫也昭公父公孫糾糾父公子禚秦禚秦即元公小子也景公殺昭公父糾故昭公怨殺大子而自立其說殺昭公得立之所由與此不合亦以得爲昭公也未有立焉於是皇緩爲右師皇非我爲大司馬皇懷爲司徒皇懷非我從昆弟○從才用反靈不緩爲左師不緩子靈圍龜之後樂茷爲司城茷樂溷之子○溷戶門反又戶困反樂朱鉏爲大司寇朱鉏樂輓之子○鉏仕居反輓音晚六卿三族降聽政三族皇靈樂也降和同也因大尹以

哀廿六

右師 左 大司馬 司徒 司城 大司寇 卿

一 司城爲上卿

三族聽政

達大尹近官有寵者六卿因之以自通達於君大尹常不告而以其欲稱君命以令不告君也國人惡之司城欲去大尹左師曰縱之使盈其罪盈滿也○惡烏路反下注惡其同去起呂反重而無基能無敝乎言勢重而無德以爲基必敗也冬十月公游于空澤空澤宋邑辛巳卒于連中連中館名○連如字又音輦大尹興空澤之士千甲甲士千人○興如字與廢也或作輿字非奉公自空桐入如沃宮奉公尸也梁國虞縣東南有地名空桐沃宮宋都內宮名○沃烏毒反使召六子曰聞下有師君請六子畫畫計策○畫音獲六子至以甲劫之曰君有疾病請二三子盟乃盟于少寢之庭曰無爲公室不利大尹立啓奉喪殯于大宮三日而後國人知之司城茷使宣言于國曰大尹惑蠱其君而專其利令君無疾而死死又匿之是無他矣○大尹之罪也言大尹所弒○劫居業反少詩照反下注同大宮音泰蠱音古匿女力反弒音申志反得夢啓北首而寢於盧門之外盧門宋東門北首死象盧門外失國也○首手又反注同疏注北首死象○正義曰禮運云死者北首生者南鄉故以北首爲死象已爲烏而集於其上咮加於南門尾加於桐門曰余夢美必立桐門北門○咮張又反烏口大尹謀曰我不在盟少寢庭但以君命盟六卿大尹不盟無乃逐我復盟之乎使祝爲載書六子在唐盂地名○復扶又反盂音于將盟之祝襄以載書告皇非我祝襄祝名皇非我因子潞子潞樂茷○潞音路門尹得樂得左師謀曰民與我逐之乎皆歸授甲使徇于國曰大尹惑蠱其君以陵虐公室與我者救君者也衆曰與之大尹徇曰戴氏皇氏將不利公室戴氏即樂氏○徇似俊反與我者無憂不富衆曰無別惡其號令與君無別○別彼列反注同戴氏皇氏欲伐公公謂啓樂得曰不可彼以陵公有罪我伐公則甚焉使國人施于大尹施罪於大尹大尹奉啓以奔楚乃立得司城爲上卿盟曰三族共政無相害也

官職

太宰

祝

祝宗卜史

碑官司空

司空

司徒

士

民

太宰

職官

○秋龍見于絳郊絳晉國都○見賢遍反下見龍朝夕見皆同魏獻子問

於蔡墨晉太史曰吾聞之蟲莫知於龍以其不生得也謂之知信乎對曰人實不知非龍實

知言龍無知乃人不知之耳○莫知音智下謂之知實知注無知同○疏○人實至實知○正義曰人以龍不生得而謂之爲知者此是人實不知非是龍實能知言龍可生得非是不生得也故說古有養龍之事以證龍可生得

也以人不知有此事故今說之古者畜龍故國有豢龍氏有御龍氏豢御養也○豢音患疏注豢御養也○正義曰服虔曰豢養也穀食曰豢御亦養也養馬曰圉禮

養犬豕曰豢知其以穀養蓋龍亦食穀也御與圉同言養龍猶養馬故稱御獻子曰是二氏者吾亦聞之而知其故是何謂也對曰昔有

飂叔安飂古國也叔安其君名○飂力謬反有裔子曰董父裔遠也玄孫之後爲裔○裔以制反實甚好龍能求其耆欲以飲食之龍

多歸之乃擾畜龍以服事帝舜帝賜之姓曰董擾順也○好呼報反耆時志反飲於鴆反下同食之音嗣下不能食飲食之食夏后同擾而小反疏

乃擾畜龍○正義曰擾順也順龍之所欲而畜養之氏曰豢龍豢龍官名官有世功則以官名封諸鬷川鬷夷氏其後也鬷水上夷皆董姓○鬷子工反疏注鬷水至

董姓○正義曰鄭語云黎爲高辛氏火正命之曰祝融其後八姓董姓鬷夷豢龍則夏滅之矣是也故帝舜氏世有畜龍及有夏孔甲擾于有帝孔甲少康之後九世

君也其德能順於天○夏戶雅反下皆同少詩照反下少皞同疏注孔甲至九世○正義曰帝王世紀云少康子帝杼杼子帝芬芬子帝芒芒子帝世世子帝不降不降弟帝扃扃子帝廑也至帝孔甲孔甲不降子帝賜之

乘龍河漢各二合爲四○乘繩證反河漢各二服云河漢各二乘疏注合爲四正義曰服虔云四頭爲乘四乘十六頭也傳言賜之乘龍賜之一乘之龍也即云河漢各二是河漢共一乘也又云各有

物有其官官脩其方　失官不食官宿其業

五行之官是謂五官列受氏姓封爲上公祀爲貴神社稷五祀是

尊是奉——配合五行之神

昭元

雌雄是河漢之二皆一雌一雄也故杜以爲合爲四各有雌雄孔甲不能食而未獲豢龍氏有陶唐氏既衰其後有劉累陶唐堯所治地○治直吏反學擾龍于豢龍氏以事孔甲能飲食之夏后嘉之賜氏曰御龍夏后孔甲以更豕韋之後更代也以劉累代彭姓之豕韋累尋遷魯縣豕韋復國至商而滅累之後世復承其國爲豕韋氏在襄二十四年○更音庚注同復扶又反疏注更代至四年○正義曰傳言以更豕韋之後則豕韋是舊國廢其君以劉累代之鄭語云祝融之後八姓大彭豕韋爲商伯矣又云彭姓彭祖豕韋則商滅之矣如彼文豕韋之國至商乃滅於夏王孔甲之時彭姓豕韋未全滅也下文云劉累懼而遷于魯縣明是累遷之後豕韋復國至商乃滅耳襄二十四年傳范宣子自言其祖在夏爲御龍氏在商爲豕韋氏則劉累子孫復封豕韋杜跡其事知累之後世更復其國爲豕韋氏也舊無此解杜自爲證故云在襄二十七年龍一雌死潛醢以食夏后潛藏也藏以爲醢明龍不知○醢音海知音智夏后饗之既而使求之求致龍也懼而遷于魯縣不能致龍故懼遷魯縣自貶退也魯縣今魯陽也○范氏其後也晉范氏也獻子曰今何故無之對曰夫物物有其官官脩其方方法術朝夕思之一日失職則死及之失職有罪○朝如字下朝夕見同失官不食不食祿○官宿其業宿猶安也其物乃至設水官脩則龍至若泯弃之物乃坻伏泯滅也坻止也○泯彌忍反坻音旨又丁禮反鬱湮不育鬱滯也湮塞也育生也○湮音因疏夫物至不育○正義曰此論致龍之事物謂龍也夫物物各有其官當謂如龍之輩蓋言鳳皇麒麟白虎玄龜之屬每物各有其官主掌之也其人居此官者脩其爲官方術從朝至夕終日脩之若一日失其所掌之職令其官方不理則有死罪及之居官者當死矣失其官方則不得食祿得死罪是不食祿也居官者安其爲官之業使職事脩理則其所掌之物乃自生至水官脩則龍至其餘亦當然也若滅棄所掌之事令職事不脩則其物乃止息而潛伏沈滯堙塞不復生育以此故不可生而得也○注宿猶安也○正義曰夜宿所以安身故云宿猶安也謂安心思其職業服虔云宿思也今日當預思明日之事如家人宿火矣玄卿以服義大迂曲○注泯滅也坻止也○正義曰釋詁文也上言官宿其業其物乃至職業不脩則物不至物雖不至尚有物在若滅棄所掌職事不理則其物止而潛伏不復生育乃令無有此物非徒不至而已○注鬱滯也湮塞也○正義曰賈逵云然杜用之也鬱積是沈滯之義故爲滯也傳謂塞井爲堙井是堙爲塞也言此物沈滯堙塞不復生也故有五行之官是謂五官實列受氏姓封爲上公爵上公疏實列受氏姓正義曰列謂行列言五官皆然也人臣有大功者天子封爲國君又賜之以姓諸侯以國爲氏言其得封又得姓兼受之也祀爲貴神社稷五祀是尊是奉五官之君長能脩其業者死皆配食於五行之神爲王者所尊奉○長丁丈反下文同○疏注五官至尊奉○正義曰五官之君長死則皆爲貴神社稷五祀則尊奉之如祭配食於五行之神即下重該脩熙犂是也王者祭木火土金水之神而以此人之神配之耳非專祭此人也分五行以配四時故五行之神句芒祝融之徒皆以時物之狀而爲之名此五者本於五行之神作名耳非與重該之徒爲名也晉語云虢公夢在廟有神人面白毛虎爪執鉞立於西阿公懼而走神曰無走帝命曰使晉襲于爾門公拜稽首覺召史嚚占之對曰如君之言則蓐收也天之刑神也如彼文虢公所夢之狀必非該之貌自是金神之形耳由

此言之與句芒祝融玄冥后土之徒皆是木火水土之神名非所配人之神名也雖本非配人之名而配者與之同食亦得取彼神名以爲配者神名猶社本土神之名稷本穀神之名配者亦得稱社稷也此五行之官配食五行之神天子制禮使祀焉是爲王者所尊奉也

木正曰句芒正官長也取木生句曲而有芒角也其祀重焉○句古侯反注及下皆同重直龍反下文同【疏】注正官至重焉○正義曰正訓爲長故爲官長木官之最長也其火金水土正亦然賈逵云總言萬物句芒非專木生如句杜誤耳木正順春萬物始生句而有芒角杜獨言木者以木爲其主故經云木正且木比萬物芒角爲甚故舉木而言劉炫以杜不取賈義而獨舉於木而規杜非也

火正曰祝融祝融明貌其祀犂焉○犂力兮反【疏】注祝融至犂焉○正義曰杜不解祝則謂祝融二字共爲明貌也賈逵云夏陽氣明朗祝甚也融明也亦以夏氣爲之名耳鄭語云黎爲高辛氏火正以焞燿敦大光明四海故命之曰祝融如彼文又似由人生名者彼以其官掌夏德又稱之故以夏氣昭明命之耳

金正曰蓐收秋物摧蓐而可收也其祀該焉○蓐音辱本又作辱摧徂回反

水正曰玄冥水陰而幽冥其祀脩及熙焉○冥亡丁反

土正曰后土土爲羣物主故稱后也其祀句龍焉在家則祀中霤在野則爲社○霤力救反【疏】注土爲至爲社○正義曰后者君也羣物皆土所載故土爲羣物之主以君言之故云后土也賈逵云句芒祀於戶祝融祀於竈蓐收祀於門玄冥祀於井后土祀於中霤今杜云在家則祀中霤是同賈說也家謂宮室之內對野爲文故稱家非卿大夫之家也言在野者對家爲文雖在庫門之內尚無宮室故稱野且卿大夫以下社在野田故周禮大司徒云辨其邦國都鄙之數制其畿疆而溝封之設其社稷之壝而樹之田主各以其野之所宜木遂以名其社鄭玄云社稷后土及田正之神田主田神后土田正之所依也詩人謂之田祖所宜木謂若松栢栗也是在野則祭爲社也此野田之社民所共祭月令仲春之月擇元日命人社是也劉炫云天子以下俱荷地德皆當祭地但名位有高下祭之有等級天子祭地祭大地之神也諸侯不得祭地使之祭社也家又不得祭社使祭中霤也霤亦地神所祭小故變其名賈逵以句芒祀於戶云云言雖天子之祭五神亦如此耳杜以別祭五行神以五官配之非祀此五神於門戶井竈中霤也門戶井竈直祭門戶等神不祭句芒等也唯有祭后土者亦是土神故特辨之云在家則祀中霤在野則爲社言彼家中霤亦是土神但祭有大小郊特牲云社所以神地之道也地載萬物取財於地教民美報焉家主中霤而國主社示本也是在家則祀中霤也大司徒以下同此禮也

龍水物也水官弃矣故龍不生得弃廢也【疏】龍水至生得○正義曰漢氏先儒說左氏者皆以爲五靈配五方龍屬木鳳屬火麟爲土白虎屬金神龜屬水其五行之次木生火火生土土生金金生水水生木王者脩其母則致其子水官脩則龍至木官脩則鳳至火官脩則麟至土官脩則白虎至金官脩則神龜至故爲其說云視明禮脩而麟至思睿信立而白虎擾言從文成而神龜在沼聽聰知正而名川出龍貌共體仁則鳳皇來儀皆脩其母而致其子也解此龍水物者言龍爲東方之獸是此方水官之物也水官廢矣故龍不生得言母不脩故子不至也杜氏既無其說未知與舊同否此下不注似與舊說異或當以爲龍是水內生長故爲水官之物水官廢矣故龍不生得言水官不脩故無水內之靈獸也若如此解則上云物有其官當謂五靈之物各各自有其官官能脩理各自致物龍是水內之物可令水官致龍其鳳皇麟虎之輩共在天地之間不是寢金食火木生土出未知何官致鳳何官致虎未測杜旨不可強言是用闕疑以俟來哲

不然周易有之言若不爾周易無緣有龍**在乾䷀**乾下乾上乾○乾其連反本亦作乾**之姤䷫**巽下乾上姤乾初九變○姤古豆反**曰潛龍勿用**乾初九爻辭○爻戶交反**其同人䷌**離下乾上同人乾九二變**曰見龍在田**乾九二爻辭**其大有䷍**乾下離上大有乾九五變**曰飛龍在**

十三經注疏　春秋左傳五十三　昭公二十九年　十六

天乾九五爻辭其夬䷪乾下兌上夬乾上九變○夬古快反兌徒外反曰亢龍有悔乾上九爻辭○亢苦浪反其坤䷁坤下坤上坤乾六爻皆變○坤本又作巛空門反曰見羣龍無首吉乾用九爻辭坤之剝䷖坤下艮上剝坤上六變○剝邦角反艮古恨反曰龍戰于野上爻辭疏在乾至于野○正義曰傳例上下雖不用筮但指此卦某爻之義者即以某爻之變更別爲卦即云此卦之某卦則此乾之姤宣十二年師之臨是也劉炫云杜以之爲適炫謂易之爻變則成一卦遂以彼卦名爻乾之初九姤卦爻九二同人爻九五大有爻上九夬卦爻用九全變則成坤卦故謂用九爲坤蔡墨此意取易文耳非揲蓍求卦安有之適之義若以之爲之適則其非之適之意何以言其同人其大有此本當言初九九二但以爻變成卦即以彼卦名爻其意不取於之適所言其同人其大有猶引詩言其二章其三章先引初九故言乾卦之姤爻初九言乾以下不復須云乾故言其同人其大有就乾卦而其之其此同人爻其此大有爻以下爻勢悉皆若是也○之姤○正義曰巽下乾上姤乾之初九爻變而成姤卦也其彖曰姤遇也柔遇剛也乾爲天爲剛巽爲風爲柔風行必有所遇猶女行而遇男故名此卦爲姤也○注乾初九爻辭○正義曰蔡墨此言取易有龍字而已無取於易之義理故杜注唯指其辭之所在不解其辭之意其說易者自具於此不復煩言也○同人○正義曰離下乾上同人乾之九二爻變而成同人之卦也其象曰天與火同人天體在上火性炎上同于天也猶君設政教而臣民從之和同之義故名此卦爲同人也服虔云天在上火炎上同于天天不可同故曰同人○大有○正義曰乾下離上大有乾之九五爻變而成大有之卦也其彖曰大有柔得尊位大中而上下應之曰大有柔得尊位謂六五也五位尊而柔居之處尊以柔居中以大體無二陰以分其應上下應之無所不納大有之義故名此卦爲大有○夬○正義曰乾下兌上夬乾之上九爻變而成夬卦也其彖曰夬決也剛決柔也此卦五陽而決一陰乾爲天爲剛爲健兌爲澤爲柔爲說以剛正決柔邪故名此卦爲夬○注乾用九爻辭○正義曰乾之六爻皆陽坤之六爻皆陰以二卦其爻旣純故別攄其用而爲之辭故乾有用九坤有用六餘卦其爻不純無攄用也六爻皆變乃得攄用乾之六爻皆變則成坤卦故謂用九之辭爲其坤也六爻旣變而不用卦下之辭者周易用變卦下之辭非變又無龍文史墨指說於龍故以用爲語○坤之剝○正義曰坤下艮上剝坤之上六爻變而成剝卦也其彖曰剝剝也柔變剛也剝卦五陰而一陽陰漸長而滅陽猶邪長而剝損正道故名此卦爲剝也若不朝夕見誰能物之物謂上六卦所稱龍各不同也今說易者皆以龍喻陽氣如史墨之言則爲皆是真龍疏若不至物之○正義曰蔡墨言古者龍可生得人皆見之故周易之辭以龍爲喻若使龍不朝夕出見誰能知其動靜而得以物名之易言潛龍飛龍及龍戰之等明是見其飛潛見其戰鬬而得以物名之是知龍可生得古人見龍形也獻子曰社稷五祀誰氏之五官也問五官之長皆是誰對曰少皞氏有四叔少皞金天氏○皞戶老反疏少皞氏有四叔○正義曰少皞氏有四叔四叔是少皞之子孫非一時也未知於少皞遠近也四叔出於少皞耳其使重爲句芒非少皞使之世族譜云少皞氏其官以鳥爲名然則此五官皆在高陽之世也楚語云少皞氏之衰也九黎亂德民神雜擾不可方物顓頊受之乃命木正重司天以屬神命火正黎司地以屬民是則重黎居官在高陽之世也又鄭語云黎爲高辛氏火正命之曰祝融則黎爲祝融又在高辛氏之世案世本及楚世家云高陽生稱稱生卷章卷章生黎如彼文黎是顓頊之曾孫也楚語云少皞之衰顓頊受之即命重黎似是即位之初不應即得命曾孫爲火正也少皞世代不知長短顓頊初已命黎至高辛又加命不應一人之身緜歷兩代事旣

久遠書復散亡如此參差難可考按世家云共工作亂帝嚳使黎誅之而不盡帝誅黎而以其弟吳回爲黎復居火正爲祝融即如此言黎或是國名官號不是人之名字顓頊命黎高辛命黎未必共是一人傳言世不失職二者或是父子或是祖孫其事不可知也由此言之少皡四叔未必不有在高辛世者也此五祀者居官有功以功見祀不是一時之人脩熙相代爲水正即非一時也且傳言世不失職便是積世能官其功益大非是暫時有功遂得萬世承祀明是歷選上代取其中最有功者使之配食亦不知初以此人配食何代聖王爲之蓋在高辛唐虞之世耳曰重曰該曰脩曰熙實能金木及水能治其官○重直龍反該古哀反使重爲句芒木正該爲蓐收金正脩及熙爲玄冥二子相代爲水正世不失職遂濟窮桑此其三祀也窮桑少皡之號也四子能治其官使不失職濟成少皡之功死皆爲民所祀窮桑地在魯北疏注窮桑至魯北○正義曰窮桑少皡之號帝王世紀亦然賈逵云處窮桑以登爲帝故天下號之曰窮桑帝賈以濟爲渡也言四叔子孫世不失職遂護少皡之世杜以少皡之世以鳥名官不得有木正火正故以濟爲成四子能治其官使不失職濟成少皡之功言少皡有王功子孫能成之故死皆爲民所祀也少皡居窮桑定四年傳稱封伯禽於少皡之虛故云窮桑地在魯北土地名窮桑闕言在魯北相傳云耳顓頊氏有子曰犂爲祝融犂爲火正○顓音專頊許玉反共工氏有子曰句龍爲后土共工在大皡後神農前以水名官其子句龍能平水土故死而見祀○共音恭疏注共工至見祀○正義曰十七年傳郯子言前世名官從下而上先言炎帝以火名次言共工以水名次言大皡以龍名是共工在大皡後神農前以水名官者也祭法曰共工氏之霸九州也其子曰后土能平九州故祀以爲社能平九州是能平水土也言共工有子謂後世子耳亦不知句龍之爲后土在於何代少皡氏既以鳥名官此當在顓頊以來耳此其二祀也后土爲社方荅社稷故明言爲社疏注方荅至爲社○正義曰獻子問社稷五祀既荅五祀當更荅社稷但句龍既爲后土又以配社祭畢既荅五祀方荅社稷故明言后土爲社也稷田正也掌播殖也疏稷田正也○正義曰月令云孟春行冬令則首種不入鄭玄云首種謂稷也周語云宣王不藉千畝虢文公諫曰民之大事在農是故稷爲大官然則百穀稷爲其長遂以稷名爲農官之長正長也稷是田官之長有烈山氏之子曰柱爲稷烈山氏神農世諸侯○烈如字禮記作厲山疏烈山至諸侯○正義曰魯語及祭法皆云烈山氏之有天下也其子能殖百穀故祀以爲稷言有天下則是天子矣杜注不得爲諸侯也賈逵鄭玄皆云烈山炎帝之號杜言神農世諸侯者案帝王世紀神農本起烈山然則初封烈山爲諸侯後爲天子猶帝堯初爲唐侯然也若然烈山即神農而云神農世爲諸侯者案世紀神農爲君摠有八世至榆罔而滅亦稱神農氏是摠號神農也故烈山氏得於神農之世爲諸侯後爲神農也劉炫以爲烈山氏即神農非諸侯而規柱非也此及魯語皆云其子曰柱祭法云農者劉炫云蓋柱是名其官曰農猶呼周棄爲稷自夏以上祀之祀柱○上時掌反周弃亦爲稷弃周之始祖能播百穀湯既勝夏廢柱而以弃代之疏注弃周至代之○正義曰棄爲周之始祖能播殖百穀經傳備有其事以其後世有天下號國曰周故以周冠棄棄時未稱周也書序云湯既勝夏欲遷其社不可作夏社孔安國云湯承堯舜禪代之後順天應人逆取順守而有慙德故革命創制改正易服變置社稷而後世無及句龍者故不可而止是言成湯變置社稷之由也湯於帝世年代猶近功之多少傳習可知故得量其優劣改易祀典意欲遷社而無及句龍棄功乃過於柱廢柱以棄爲稷也其五祀之神重犂之輩若更有賢能亦應遷徙但其功莫之能先帝王不敢改易故得永流萬代常在祀典良由後世之臣爲後王之意謙故也自商以來祀之傳言蔡墨之博物○

黃帝雲紀　炎帝火　共工水　大皞龍

鳳鳥歷正

玄鳥司分

伯趙司至

青鳥司啓

丹鳥司閉

五雉—五工正

九扈—九農正

祝鳩司徒

鴡鳩司馬

鳲鳩司空

爽鳩司寇

鶻鳩司事

—五鳩

○秋郯子來朝公與之宴昭子問焉曰少皞氏鳥名官何故也少皞金天氏黃帝之子己姓之祖也問何故以鳥名官○少詩照反皞胡老反己音紀又音祀【疏】注少皞至名官○正義曰帝系云黃帝生玄囂也史記云黃帝正妃生二子其後皆有天下其一曰玄囂是爲青陽降居江水言降居江水謂不爲帝也此傳言其以鳥名官則是爲帝明矣故世本及春秋緯皆言青陽即是少皞黃帝之子代黃帝而有天下號曰金天氏少皞氏身號金天氏代號也晉語稱青陽與黃帝同德故爲姬姓黃帝之子十四人爲十二姓其十二有姬有己青陽既爲姬姓則己姓非青陽之後而世本己姓出自少皞非青陽也事遠書亡不可委悉耳郯子曰吾祖也我知之昔者黃帝氏以雲紀故爲雲師而雲名黃帝軒轅氏姬姓之祖也黃帝受命有雲瑞故以雲紀事百官師長皆以雲爲名號縉雲氏蓋其一官也○長丁丈反縉音進

昭十七

疏注黃帝至官也○正義曰史記云黃帝者少典之子名曰軒轅爲天子代神農氏是爲黃帝晉語云黃帝以姬水成爲姬姓是姬姓之祖也以少皞之立有鳳鳥之瑞而以鳥紀事黃帝以雲紀事明其初受天命有雲瑞也雲之爲瑞未能審也史記天官書曰若煙非煙若雲非雲郁郁紛紛蕭索輪囷是謂卿雲或作慶雲或作景雲孝經援神契曰德至山陵則景雲出服虔云黃帝受命得景雲之瑞故以雲紀事黃帝雲瑞或當是景雲也百官師長皆以雲爲名號即是以雲紀綱諸事也雲爲官名更無所出唯文十八年傳云縉雲氏有不才子疑是黃帝時官故云縉雲氏蓋其一官也

炎帝氏以火紀故爲火師而火名 炎帝神農氏姜姓之祖也亦有火瑞以火紀事名百官 疏注炎帝至百官○正義曰帝系世本皆爲炎帝即神農氏炎帝身號神農代號也譙周考古史以爲炎帝與神農各爲一人非杜義晉語云炎帝以姜水成爲姜姓是爲姜姓之祖也火之爲瑞亦未審也

共工氏以水紀故爲水師而水名 共工以諸侯霸有九州者在神農前大皞後亦受水瑞以水名官○共音恭大音泰下大皞同 疏注共工至名官○正義曰共工氏霸有九州祭法文也此傳從黃帝向上逆陳之知共工在神農前大皞後也水之爲瑞亦未審也

大皞氏以龍紀故爲龍師而龍名 大皞伏犧氏風姓之祖也有龍瑞故以龍名官 疏注大皞至名官○正義曰月令孟春云其帝大皞易下繫云包犧氏之王天下也即大皞身號伏犧代號也僖二十一年傳云任宿須句風姓也實司大皞知大皞是風姓之祖也龍之爲瑞亦未審也此黃帝以上四代用雲火水龍紀事其官之名必用雲火水龍爲之但書典散亡更無文籍其名不可復知故杜不須委說唯有縉雲見傳疑是黃帝官耳服虔云黃帝以雲名官蓋春官爲青雲氏夏官爲縉雲氏秋官爲白雲氏冬官爲黑雲氏中官爲黃雲氏炎帝以火名官春官爲大火夏官爲鶉火秋官爲西火冬官爲北火中官爲中火共工以水名官春官爲東水夏官爲南水秋官爲西水冬官爲北水中官爲中水大皞以龍名官春官爲青龍氏夏官爲赤龍氏秋官爲白龍氏冬官爲黑龍氏中官爲黃龍氏此皆事無所見苟出臆腸少皞鳥紀不以五方名官焉知彼四代者皆以四時五方名官乎以縉爲赤色則云夏官爲縉雲焉知餘方不更爲之目而直指青黃爲名也以天文有大火鶉火即云春爲大火夏爲鶉火其餘何故直以西北名火也此皆虛而不經故不可采用

我高祖少皞摯之立也鳳鳥適至故紀於鳥爲鳥師而鳥名鳳鳥氏歷正也 鳳鳥知天時故以名歷正之官○摯音至 疏注鳳鳥至之官○正義曰釋鳥云鶠鳳其雌皇則此鳥雄曰鳳雌曰皇說文云鳳神鳥也山海經云丹穴之山有鳥焉其狀如鶴五采而文名曰鳳皇見則天下大安寧運斗樞云天樞德見則鳳皇翔中候握河紀云堯即政七十年鳳皇止庭伯禹拜曰昔帝軒提象鳳巢阿閣白虎通云黃帝時鳳皇蔽日而至止於東園終身不去諸書皆言君有聖德鳳皇乃來是鳳皇知天時也歷正主治歷數正天時之官故名其官爲鳳鳥氏也當時名官直爲鳥名而已其所職掌與後代名官所司事同所言歷正以下及司徒司寇工農之屬皆以後代之官所掌之事託言之言爾時鳥名如今之此官也

玄鳥氏司分者也 玄鳥燕也以春分來秋分去○燕於見反 疏注玄鳥至分去○正義曰說文云燕玄鳥也釋鳥云燕燕鳦郭璞曰詩云燕燕于飛一名玄鳥齊人呼云天命玄鳥月令云玄鳥至之日是一名玄鳥也或單呼爲燕或重名燕燕異方語也此鳥以春分來秋分去故以名官使之主二分

伯趙氏司至者也 伯趙伯勞也以夏至鳴冬至止 疏注伯趙至至止○正義曰釋鳥云鶪伯勞也樊光曰春秋云伯趙氏司至伯趙鶪也以夏至來冬至去郭璞曰似鶷鶡而

大此鳥以夏至來冬至止去故以名官使之主二至也月令仲夏之月鶪始鳴蔡邕云鶪伯勞也一曰伯趙應時而鳴爲陰候也詩云七月鳴鶪者鄭玄云幽地晚寒鳥物之候從其氣焉王肅云七當爲五古文五字似七故誤

青鳥氏司啓者也 青鳥鶬鴳也以立春鳴立夏止○鶬音倉鴳亦作鷃於諫反 疏 注青鳥至夏止○正義曰青鳥鶬鷃爾雅無文先儒相說耳立春立夏謂之啓此鳥以立春鳴立夏止故以名官使之主立春立夏

丹鳥氏司閉者也 丹鳥鷩雉也以立秋來立冬去入大水爲蜃上四鳥皆歷正之屬官○鷩必滅反蜃市軫反 疏 注丹鳥至屬官○正義曰釋鳥雉之類有鷩雉樊光曰丹雉也少暭氏以鳥名官丹鳥氏司閉以立秋來立冬去入水爲蜃周禮王享先公服鷩冕郭璞曰似山雞而小冠背毛黃腹下赤項綠色鮮明是雉丹鳥爲鷩雉也立秋立冬謂之閉此鳥以秋來冬去故以名官使之主立秋立冬也分至啓閉立四官使主之鳳皇氏爲之長故云四鳥皆歷正之屬官也

祝鳩氏司徒也 祝鳩鷦鳩也鷦鳩孝故爲司徒主教民○鷦音焦本又作焦本或作鵻子遙反又子堯反 疏 注祝鳩至教民○正義曰釋鳥云隹其鳺鴀舍人云隹一名夫不今楚鳩也樊光曰春秋云祝鳩氏司徒祝鳩即隹其夫不孝故爲司徒郭璞曰今鵓鳩也詩云翩翩者隹毛傳云鵻夫不也一宿之鳥鄭玄云一宿者一意於其所宿之木又云夫不鳥之慤謹者人皆愛之則此是謹慤孝順之鳥故名司徒之官教人使之孝也

鴡鳩氏司馬也 鴡鳩王鴡也鷙而有別故爲司馬主法制○鴡本又作雎七徐反鷙音至本亦作摯下同別彼列反 疏 注鴡鳩至法制○正義曰釋鳥云鴡鳩王鴡李巡云王鴡一名鴡鳩郭璞云鵰類今江東呼之爲鶚好在江渚山邊食魚毛詩傳曰鳥摯而有別則鴡鳩是鷙擊之鳥又能雌雄有別也司馬主兵又主法制擊伐又當法制分明故以此鳥名官使主司馬之職

鳲鳩氏司空也 鳲鳩鴶鵴也鳲鳩平均故爲司空平水土○鴶本亦作秸古八反又音吉鵴本亦作鞠居六反 疏 注鳲鳩至水土正義曰釋鳥云鳲鳩鴶鵴樊光曰春秋云鳲鳩氏司空心平均故爲司空郭璞曰今之布穀也孫炎曰方言云鳲鳩自關而東謂之戴勝陸機毛詩義疏云今梁宋之間謂布穀爲鴶鵴則布穀是鳲鳩明矣而揚雄云鳲鳩是戴勝也今戴勝自生穴中不巢生雄言非也詩云鳲鳩在桑其子七兮毛傳云鳲鳩之養其子朝從上下莫從上下平均如一是鳲鳩平均故爲司空尚書舜典云伯禹作司空帝曰禹汝平水土惟時懋哉是司空主平水土也

爽鳩氏司寇也 爽鳩鷹也鷙故爲司寇主盜賊○爽所丈反 疏 注爽鳩至盜賊○正義曰釋鳥云鷹鶆鳩樊光曰來鳩爽鳩也春秋曰爽鳩氏司寇鷹鷙故爲司寇郭璞曰鶆當爲爽字之誤耳左傳作爽鳩是也鷹是鷙擊之鳥司寇主擊盜賊故爲司寇

鶻鳩氏司事也 鶻鳩鶻鵰也春來冬去故爲司事○鵰陟交反又陟留反又音彫 疏 注鶻鳩至司事○正義曰釋鳥云鶌鳩鶻鵃舍人曰鶌鳩一名鶻鵃今之班鳩也樊光曰春秋云鶻鳩氏司事春來冬去孫炎曰鶻鳩一名鳴鳩月令云鳴鳩拂其羽郭璞云今江東亦呼爲鶻鵃似山鵲而小短尾青黑色多聲即是此也舊說及廣雅皆云班鳩非也所論班鳩鳴鳩雖有異同其言春來冬去舊有此說國家營事精治器物一年之間無時暫止故以此鳥名司事之官也司事謂營造之事於六官皆屬司空此司空司事各爲一官者古今代異猶如舜典司空與共工各爲一官也

五鳩鳩民者也 鳩聚也治民上聚故以鳩爲名 疏 注鳩聚至爲民○正義曰鳩聚釋詁文也治民尚其集聚惡其流散故以鳩爲官名欲其聚斂民也

五雉爲五工正 五雉雉有五種西方曰鷷雉東方曰鶅雉南方曰翟雉北方曰鵗雉伊洛之南曰翬雉○種章勇反下同鷷音存又音遵本或作蹲鶅側其反翟音狄又音濯鵗本又作希如字一音丁里反翬許韋反 疏 注五雉至

翬雉○正義曰釋鳥雉之屬十有四其說四方之雉西方曰鷷東方曰鶅南方曰翟北方曰鵗舍人曰釋四方之雉名也杜言四方之雉唯南方不同也釋鳥又云鸐山雉樊光曰其羽可持而舞詩云右手秉翟郭璞云長尾者爾雅之文翟與鷂別而賈逵亦云南方曰翟雉則先儒相傳爲說杜從之也釋鳥又云伊洛而南素質五采皆備成章曰翬李巡曰素質五采備具文章鮮明曰翬孫炎曰翬雉白質五采爲文也傳言五雉必取五方伊洛土之中區明其取翬雉與四方之雉爲五也賈逵云西方曰鷷雉攻木之工也東方曰鶅雉搏埴之工也南方曰翟雉攻金之工也北方曰鵗雉攻皮之工也伊洛而南曰翬雉設五色之工也樊光注爾雅四方之雉配工亦與賈同唯翬雉不配工耳案賈樊所言之工出於考工記耳而考工記更有刮摩之工凡有六工非唯五也且記是後世之書少皥時工未必如記所說又以工配雉無所馮據不可采用故杜不言**利器用正度量夷民者也**夷平也○量音亮疏利器至民者○正義曰雉聲近夷雉訓夷夷爲平故以雉名工正之官使其利便民之器用正丈尺之度斗斛之量所以平均下民也樊光服虔云雉者夷也夷平也使度量器用平也**九扈爲九農正**扈有九種也春扈鳻鶞夏扈竊玄秋扈竊藍冬扈竊黃棘扈竊丹行扈唶唶宵扈嘖嘖桑扈竊脂老扈鴳鴳以九扈爲九農之號各隨其宜以教民事○扈音户鳻扶云反又如字鶞勑倫反唶側百反又子夜反又助額反嘖音責又音賾疏注扈有至民事○正義曰釋鳥自春扈鳻鶞至宵扈嘖嘖凡七扈其文相次與此注正同李巡揔釋之云諸扈別春夏秋冬四時之名唶唶嘖嘖鳥聲貌也郭璞曰諸鳸皆因其毛色音聲以爲名竊藍青色釋鳥又云鴳鳸老鳸鴳桑鳸竊脂注爾雅者舍人李巡孫炎郭璞皆斷老上屬鳸下屬解云鴳一名鳸老鴳一名鳸鳸雀也唯樊光斷鴳鳸爲句以老下屬注云春秋云九扈爲九農正九扈者春扈夏扈秋扈冬扈棘扈行扈宵扈桑扈老扈是以老爲下屬唯鴳不重耳李巡云竊脂一名桑扈郭璞曰俗謂之青雀觜曲食肉好盜脂膏因名云鄭玄詩箋云竊脂肉食陸機毛詩義疏云竊脂青雀也好竊人脯肉及筩中膏故以名竊脂也諸儒說竊脂皆謂盜人脂膏也即如此言竊玄竊黃者豈復盜竊玄黃乎爾雅釋獸云虎竊毛謂之虦貓䝤如小熊竊毛而黃竊毛皆謂淺毛竊即古之淺字但此鳥其色不純竊玄淺黑也竊藍淺青也竊黃淺黃也竊丹淺赤也四色皆具則竊脂爲淺白也其唶唶嘖嘖則聲音爲之名矣其春扈鳻鶞樊光云鳻鶞言分循也春扈分循五土之宜乃以人事名鳥其義未必然也爾雅老扈鴳字不重賈服皆云鴳鴳亦聲音爲名也賈逵云春扈分循相五土之宜趣民耕種者也夏扈竊玄趣民耘苗者也秋扈竊藍趣民收斂者也冬扈竊黃趣民蓋藏者也棘扈竊丹爲果驅鳥者也行扈唶唶晝爲民驅鳥者也宵扈嘖嘖夜爲農驅獸者也桑扈竊脂爲蠶驅雀者也老扈鴳鴳趣民收麥令不得晏起者也舍人樊光注爾雅其言亦與賈同其意皆謂以扈爲官還令依此諸扈而動作也然則趣民耕耘及收斂蓋藏其事可得召民使聚而揔號令之其爲果驅鳥爲蠶驅雀豈得多置官方使之就果樹及蠶室爲民驅之哉又晝驅鳥夜驅獸不可竟日通宵常在田野溥天之下何以可周且其言不經難可據信也杜云以九扈爲九農之號各隨其宜以教民事以舊說不可采用又不能知其職掌故未言之**扈民無淫者也**扈止也止民使不淫放**自顓頊以來不能紀遠乃紀於近爲民師而命以民事則不能故也**顓頊氏代少皥者德不能致遠瑞而以民事命官○顓音專頊許玉反疏自顓至故也○正義曰傳言少皥摯之立也鳳鳥適至則鳳鳥以初立時至也因其初立而有此瑞鳥遂即以鳥紀事雲火水龍亦以初立而有此瑞用之以紀庶事自顓頊以來初立之時既無遠瑞不能紀於遠而乃紀於近天瑞遠民事近爲民之師長而命其官以民事則爲不能致遠瑞故

○楚子城陳蔡不羹襄城縣東南有不羹城定陵西北有不羹亭。羹舊音郎漢書地理志作更字。疏不羹。正義曰古者羹臛之字音亦爲郎故魯頌閟宮楚辭招魂與史游急就篇羹與房櫟糠爲韻但近世以來獨以此地音爲郎耳使弃疾爲蔡公王問於申無宇曰弃疾在蔡何如對曰擇子莫如父擇臣莫如君鄭莊公城櫟而寘子元焉使昭公不立子元鄭公子莊公寘子元於櫟桓十五年厲公因之以殺櫟大夫檀伯遂居櫟卒使昭公不安位而見殺。櫟力狄反疏注子元至見殺。正義曰杜以子元爲鄭公子曼伯與檀伯爲一人莊公城櫟而置子元又使檀伯爲櫟邑大夫故厲公得因子元而殺檀伯劉炫以爲傳言城櫟以置子元當謂賜元以櫟則以元爲櫟邑之長若其別有大夫子元寄居於櫟便是城櫟以置檀伯何言置子元也若厲公因子元以殺檀伯則子元是櫟邑之一夫耳豈是莊公城櫟之咎乎且桓十五年傳云鄭伯因櫟人殺檀伯不言因子元也子元鄭之公子不待爲櫟人也鄭衆云子元卽檀伯也厲公殺檀伯居櫟因櫟之衆偪弱昭公使至殺死案桓五年傳云子元請爲左拒卽云曼伯爲右拒則曼伯子元近是爲一以規杜氏今知劉說非者案晉封桓叔于曲沃而以欒賓傳之鄭使許叔居許而以公孫獲爲佐楚使大子建居城父而以奮揚助之並是一邑之内而有二人則莊城櫟而置子元別有檀伯居櫟何爲不可子元共櫟邑之人而納厲公但此因棄疾在蔡故特指子元桓十五年直明厲公之入故揔言櫟人辭有彼此不可爲怪劉。子元爲曼伯案隱五年傳云曼伯與子元潛軍軍其後又下云鄭二公子敗燕師于北制是子元非曼伯也劉妄規杜非也齊桓公城穀而寘管仲焉至于今賴之城穀在莊三十二年臣聞五大不在邊五細不在庭上古金木水火土謂之五官玄鳥氏丹鳥氏亦有五又以五鳩鳩民五雉爲五工正蓋立官之本也末世隨事施職是以官無常數今無宇稱習古言故云五大也言五官之長專盛過節則不可居邊細弱不勝任亦不可居朝廷。疏注上古至朝廷。正義曰二十九年傳曰有五行之官是謂五官木正曰句芒火正曰祝融金正曰蓐收水正曰玄冥土正曰后土是上古金木水火土謂之五官也十七年傳云少皞氏紀於鳥爲鳥師而鳥名鳳鳥氏厤正也玄鳥氏司分者也伯趙氏司至者也青鳥氏司啓者也丹鳥氏司閉者也是玄鳥丹鳥亦有五也彼傳又云五鳩鳩民者也五雉爲五工正數皆有五蓋古立官之本以五爲常末世隨事施職是以官無常數不復以五耳今無宇稱習古言故云三大也言五

昭十二

官之長其人大大專盛過節則不可居邊城或將據邊城以陵本國也五官之長大細弱則不勝其任不能使威行於下將爲人所陵亦不可居朝廷也賈逵云五大謂大子母弟貴寵公子公孫累世正卿也鄭衆云大子晉申生居曲沃是也母弟鄭共叔段居京是也貴寵公子若弃疾在蔡是也貴寵公孫若無知食渠丘是也累世正卿衛甯殖居蒲孫氏居戚是也五細賤妨貴少陵長遠間親新間舊小加大也不在庭不當使居朝廷爲政也此五大五細無字唯言五耳不知五者何謂故先儒各自以意言之雖杜之言亦無明證正以彼不必通故改之耳

親不在外羈不在內今弃疾在外鄭丹在內襄十九年丹奔楚君其少戒王曰國有大城何如對曰鄭京櫟實殺曼伯曼伯檀伯也厲公得櫟又并京。曼音萬疏注又并京。正義曰厲公并京傳無其事正以京櫟連言故云又并京宋蕭亳實殺子游在莊十二年齊渠丘實殺無知在莊九年渠丘今齊國西安縣也齊大夫雍廩邑疏注在莊至廩邑。正義曰渠丘爲雍廩之邑傳無其文以彼傳言雍廩殺無知此云齊渠丘實殺無知以此知渠丘是雍廩邑也鄭衆以渠丘爲無知之邑無知不坐邑死何以言渠丘殺無知蕭亳非子游之邑渠丘不得爲無知邑衛蒲戚實出獻公蒲甯殖邑戚孫林父邑出獻公在襄十四年。出如字徐音黜若由是觀之則害於國末大必折折其本尾大不掉君所知也爲十三年陳蔡作亂傳。掉徒弔反疏則害至不掉。正義曰宋殺子游齊殺無知乃是賴得大邑以討簒賊而謂之害於國者以其能專廢置則是國害天子之建諸侯欲令蕃屏王室諸侯之有城邑欲令指揮從已不得使下邑制

國都故大城爲國害也末大必折以樹木喻也尾大不掉以畜獸喻也楚語說此事云制城邑若體性焉有首領股肱至於拇指毛脉大能掉小故變而不勤夫邊境者國之尾也譬之如牛馬處暑之既至蝱蟄之既多而不能掉其尾臣懼之

○鄭爲游

昭元

楚亂故游楚子南爲于僞反○六月丁巳鄭伯及其大夫盟于公孫段氏罕虎公孫僑公孫段印段游吉

駟帶私盟于閨門之外實薰隧閨門鄭城門薰隧門外道名賓之者爲明年子產數子晳罪稱薰隧盟起本○閨音圭薰許云反隧音遂數色主反又色具反公孫黑強

與於盟使大史書其名且曰七子自欲同於六卿故曰七子○強其丈反與音預子產弗討子晳強討之恐亂國

附釋音春秋左傳注疏卷第四十二昭二年盡四年

杜氏注　孔穎達疏

經二年春晉侯使韓起來聘○夏叔弓如晉叔弓叔老子○秋鄭殺其大夫公孫黑書名惡之薰隧盟子產不討遂以爲卿故書之

○惡烏路反

疏書名至書之○正義曰傳稱子產數其罪是書名爲惡之也往年傳云子晳上大夫也則非卿非卿則不合書薰隧之盟子晳強與卿列子產不討即以爲卿故書之○冬公如晉至河

昭二

職官

冢宰

左昭之孫子產以是請于冢宰矣

嬖大夫

子晳上大夫女嬖大夫

玄冥師——水官長

又為玄冥師——

馬師

司馬令尹偏王之佐

一次是歲星在玄枵二年也其明年乃及降婁僕展從伯有與之皆死僕展鄭大夫伯有黨羽頡出奔晉爲任大夫羽頡馬師頡任晉縣今屬廣平郡○任音任雞澤之會在三年鄭樂成奔楚遂適晉羽頡因之與之比而事趙文子言伐鄭之說爲以宋之盟故不可宋盟約弭兵故○比毗志反子皮以公孫鉏爲馬師鉏子罕之子代羽頡○鉏仕居反○楚公子圍殺大司馬蔿掩而取其室蔿掩二十五年爲大司馬申無宇曰王子必不免無宇芋尹○芋于付反善人國之主也王子相楚國將善是封殖而虐之是禍國也且司馬令尹之偏偏佐也○相息亮反下善相之同而王之

襄卅

上文伯有因馬師頡入

君舅

四體也俱股肱也絕民之主去身之偏艾王之體以禍其國無不祥大焉何以得免爲昭十三年楚弒靈王傳

職官

大宰

左襄廿七大宰退注大宰伯州犁

○夏四月鄭六卿餞宣

子於郊餞送行飲酒○餞賤淺反字林子扇反 疏 注餞送行飲酒○正義曰詩云飲餞于禰毛傳云祖而舍軷飲酒於其側曰餞 宣子曰二三君子請皆賦起亦以知鄭志詩言志也 子齹賦野有蔓草子齹子皮之子嬰齊也野有蔓草詩鄭風取其邂逅相遇適我願兮○齹才何反字林才可反又士知反說文作齹云齒差跌也在河千多二反蔓音萬邂戶賣反逅戶豆反 疏 野有蔓草○正義曰野有蔓草思遇時也君之澤不下流民窮於兵革男女失時思不期而會焉其詩云野有蔓草零露漙兮有美一人清揚婉兮邂逅相遇適我願兮注云清揚眉目之間婉然美好邂逅不期而會適其時願 宣子曰孺子善哉吾有望矣君子相顧已所望也○孺如住反 子產賦鄭之羔裘言鄭別於唐羔裘也取其彼己之子舍命不渝邦之彥兮以美韓子○別彼列反己音記舍音赦又音捨渝羊朱反 疏 注言鄭至韓子○正義曰羔裘刺朝也言古之君子以風其朝焉釋訓云之子者是子也斥韓子也鄭玄云己語辭也舍猶處也渝變也處命不變謂守死善道見危授命之類也釋訓云美士為彥言一邦之美士以美韓子也 宣子曰起不堪也不堪國之司直 子大叔賦褰裳褰裳詩曰子惠思我褰裳涉溱子不我思豈無他人言宣子思已將有褰裳之志如不我思亦豈無他人○褰起虔反溱側巾反 疏 褰裳至他人○正義曰褰裳思見正也狂童恣行國人思大國之正已也其詩云子惠思我褰裳涉溱子不我思豈無他人注云子者斥大國之正卿子若愛而思我我國有突篡國之事而可征而正之我則揭衣涉溱水往告難也又云子不思我豈無他人注云言他人者先鄉齊晉宋衛後之荊楚 宣子曰起在此敢勤子至於他人乎言已今崇好在此不復令子適他人○復扶又反令力呈反下同 子大叔拜謝宣子之有鄭 宣子曰善哉子之言是是褰裳也 疏 注是褰裳○正義曰是猶此也子之言此褰裳之詩也不有是告他人之事其能終相善乎 不有是事其能終乎韓起不欲令鄭求他人子大叔拜以答之所以晉鄭終善 子游賦風雨子游駟帶之子駟偃也風雨詩取其既見君子云胡不夷 疏 風雨○正義曰風雨思君子也亂世則思君子不改其度焉其詩云風雨淒淒雞鳴喈喈注云風且雨淒淒然雞猶守時而鳴喈喈然喻君子雖居亂世不變改其節度又云既見君子云胡不夷注云胡何也夷說也思而見之云何而心不說 子旗

昭十六

賦有女同車子旗公孫段之子豐施也有女同車取其洵美且都愛樂宣子之志○樂音洛又五孝反疏注詢美且都○正義曰詢信也都閑也言信美好且閑習於威儀是愛樂宣子之志子柳賦

蘀兮子柳印段之子印癸也蘀兮詩取其倡予和女言宣子倡己將和從之○蘀他洛反印一刃反倡昌亮反本或作唱同和戶臥反下注同女音汝疏蘀兮○正義曰蘀兮刺忽也君弱臣強不倡而和也其詩云蘀兮蘀

兮風其吹女注云蘀槁也槁謂木葉也木葉槁待風乃落喻君有政教臣乃行之言此者刺今不然又云叔兮伯兮倡予和女注云叔伯言羣臣長幼也羣臣無其君而行自以強弱相服女倡矣我則將和之言此者刺其自專也宣

子喜曰鄭其庶乎庶幾於興盛二三君子以君命貺起賦不出鄭志六詩皆鄭風故曰不出鄭志○貺音況皆昵燕好

也昵親也賦不出其國以示親好○昵女乙反二三君子數世之主也可以無懼矣宣子皆獻馬焉而賦我將我將詩頌

取其日靖四方我其夙夜畏天之威言志在靖亂畏懼天威○數色主反疏我將○正義曰我將祀文王於明堂也云儀式刑文王之典日靖四方我其夙夜畏天之威于時保之注云早夜敬天於是得安文王之道子產

拜使五卿皆拜曰吾子靖亂敢不拜德宣子私覲於子產以玉與馬曰子命起舍夫玉是

賜我玉而免吾死也敢藉手以拜以玉藉手拜謝子產○覲其靳反舍音捨夫音扶藉在夜反注同○公至自晉晉人聽公得歸子服昭伯

少宰

欒伯善哉莊子趙朔欒伯武子實其言必長晉國實猶充也言欒書之身行能充此言則當執晉國之政也。長徐丁丈反行下孟反楚少宰如晉師少宰官名。少詩照反注及下同

宣十二

勉案是年蒍敖為宰

「宰令尹」

左宣十二「蔿敖為宰」注

官制

陵傳○秋八月葬宋共公於是華元爲右師魚石爲左師蕩澤爲司馬蕩澤公孫壽之孫疏注蕩澤公孫壽之孫正義曰世本云公孫壽生大司馬𦙃𦙃生司馬澤也華喜督之玄孫者又云督生世子家家生季老老生司徒鄭鄭生司徒喜也公孫師莊公之孫者又云莊公生右師戊戊生司城師也鱗朱鱗矔孫者又云桓公生公子鱗鱗生東鄉矔矔生司徒文文生大司寇子奏奏生小司寇朱也向戌桓公曾孫者又云桓公生向父盻盻生司城訾守守生小司寇鱣及合左師左師即向戌也華喜爲司徒華父督之玄孫公孫師爲司城莊公孫向爲人爲大司寇鱗朱爲少司寇鱗矔孫○少詩照反下同矔古亂反向帶爲大宰魚府爲少宰蕩澤弱公室殺公子肥輕公室以爲弱故殺其枝黨肥文公子○帶音帶本又作帶大音泰華元曰我爲右師君臣之訓師所司也今公室卑而不能正不能討蕩澤吾罪大矣不能治官敢賴寵乎乃出奔晉二華戴族也華元華喜司城莊族也六官者皆桓族也魚石蕩澤向爲人鱗朱向帶魚府皆出桓公魚石將止華元魚府曰右師反必討是無桓氏也恐華元還討蕩澤并及六族魚石曰右師苟獲反雖許之討必不敢言畏桓族強且多大功國人與之不反懼桓氏之無祀於宋也華元大功克合晉楚之成劫子反以免宋圍右師討猶有戌在向戌桓公曾孫言其賢華元必不討○戌音恤桓氏雖亡必偏偏不盡魚石自止華元于河上請討許之乃反使華喜公孫師帥國人攻蕩氏殺子山喜師非桓族故使攻之書曰宋殺

成十五

左右師 司馬 司徒 司城 少大司寇 少大宰

如此宰之官[illegible]

蓋職務[illegible]

大夫山言背其族也蕩氏宋公族還害公室故去族以示其罪。去起呂反魚石向爲人鱗朱向帶魚府出舍於睢上睢水名五大夫
畏同族罪及將出奔。睢音雖徐許惟反又音綏華元使止之不可冬十月華元自止之不可乃反五子不止華元還魚府曰今
不從不得入矣不得復入宋。復扶又反右師視速而言疾有異志焉若不我納今將馳矣登丘而望之
則馳騁而從之五子亦馳逐之。登丘而望之則馳絕句騁敕景反則決睢澨澨水涯決壞也。澨市利反涯本又作崖魚佳反一音宜壞音怪閉門登陴矣左師
二司寇二宰遂出奔楚四大夫不書獨魚石告。陴婢支反【疏】注四大至石告。正義曰襄元年傳謂此五人爲五大夫故除去魚石謂之四大夫也彼四大夫所以不書者宋人獨以魚石告不
以四人告也服虔云魚石卿故書以爲四人非卿故不書杜不然者案文七年傳云宋成公卒於是公子成爲右師公孫友爲左師樂豫爲司馬鱗矔爲司徒公子蕩爲司城華御事爲司寇六卿和公室哀二十六年傳宋景公無子於是皇緩
爲右師皇非我爲大司馬皇懷爲司徒靈不緩爲左師樂茷爲司城樂朱鉏爲大司寇六卿三族降聽政據彼二文則向爲人爲大司寇亦是卿也若五人皆告爲卿則書向爲人亦當書之何以獨書魚石杜言獨以魚石告正爲向爲人不書
故也或少司寇二宰等六卿之外亦是卿官合書名氏猶如曾之三卿外別有公孫嬰齊臧孫許但非如六卿等世掌國政也華元使向戌爲左師老佐爲司馬樂裔爲
司寇以靖國人老佐戴公五世孫。裔以制反

官制

公族大夫—訓卿之子弟

大傅

司空

御戎—校正屬焉—訓諸御

右—司士屬焉—訓勇力之士

軍尉—攝卿之戎御

司馬

候

乘馬御—六騶屬焉—訓羣騶

晉六卿為軍帥—左右救新軍帥

正—軍將命卿

成十八

使魏相士魴魏頡趙武爲卿相，魏錡子；魴，士會子；頡，魏顆子；武，趙朔子。此四人其父祖皆有勞於晉國。○相，息亮反。頡，戶結反。顆，苦果反。疏注相魏至晉國。○正義曰：晉語云：「使呂宣子佐下軍，曰：『邲之役，呂錡佐知莊子於下軍，獲楚公子穀臣與連尹襄老，以免其子。鄢陵之役，親射楚王而敗楚師，以定晉國而無後，其子不可不崇也。』使錡共子將新軍。曰：『武子，季文子之母弟也。武子宣法以定晉國，文子勤身以定諸侯，二子之德其可忘乎？』故以錡季屏其宗。使令狐文子佐之，曰：『昔克潞之役，秦來圖敗晉功，魏顆以身退秦于輔氏，親止杜回，其勳銘于景鍾，至于今不忘，其子不可不興也。』」彼言呂宣子，魏相也；錡共子，士魴也；令狐文子，魏頡也。又曰：「呂宣子卒，公以趙文子能恤大事，使佐下軍。」趙武父祖功名顯著，故不復序之。是四人父祖皆有勞於晉國。

荀家荀會欒黶韓無忌爲公族大夫，使訓卿之子弟共儉孝弟無忌，韓厥子。○孝弟，音悌，本亦作悌。疏荀家至孝弟。○正義曰：晉語云：「欒伯請公族大夫，公曰：『荀家惇惠，荀會文敏，黶也果敢，無忌鎮靖，膏粱之性難正也，故使惇惠者教之，文敏者道之，果敢者諗之，鎮靖者修之。』使茲四人者爲公族大夫也。」公族大夫職掌教誨，故使訓卿之子弟，令之共儉孝悌也。晉語云：「韓獻子老，使公族穆子受事于朝，辭曰：『厲公之亂，無忌備公族，弗能死。』」孔晁云：「備公族大夫。」則韓無忌先爲公族大夫，今言使爲之者，悼公始命百官，更改新授之。

使士渥濁爲大傅，使脩范武子之法渥濁，士貞子。武子，爲景公大傅。○渥，於角反。疏使士渥至時使。○正義曰：晉語云：「君知士貞子之帥志博聞而宣惠於教也，使爲大傅；知右行辛之能以數宣物定功也，使爲司空；知欒糾之能御以和於政也，使爲戎御；知荀賓之有功力而不暴也，使爲戎右。」是四人者，皆公知其能而使之耳。范武子爲大傅，孤也；士蔿爲司空，卿也。皆前世能者，其法可遵，故使二大夫居其官而脩其法也。二人皆是大夫，非孤卿也。

右行辛爲司空，使脩士蔿之法辛將右行，因以爲氏。士蔿，獻公司空也。○行，戶郎反。蔿，于委反。將，子匠反，下軍將同。疏注辛將至爲氏。○正義曰：傳二十八年晉作三行，三十一年即罷之，以爲五軍。其置三行無多年歲，彼云屠擊將右行，未知此人即屠擊之子孫也，爲是其祖代屠擊也。正以荀林父將中行，遂以中行爲氏，故謂此人之先將右行，因以爲氏耳。

弁糾御戎，校正屬焉弁糾，欒糾也。校正，主馬官。○弁，皮彥反，本又作卞，同。糾，居黝反。校，戶孝反，注同。疏注弁糾至馬官。○正義曰：以晉語知是欒糾也。周禮大御，御官之長，別有戎僕掌御戎車。春秋征伐之世，以御戎爲重，此御戎當是御之尊者。校正當周禮校人，校人掌王馬之政。襄九年傳曰「命校正出馬」，知是主馬之官也。周禮校人不屬大御，此蓋諸侯兼官，或是悼公新法，此傳所言諸官皆不得與周禮同也。

使訓諸御知義戎士尚節義也。疏注戎士尚節義。○正義曰：此訓諸御，謂諸是御車之人，設令國有千乘，乘有一御，皆令此官教之。戎士尚節義，故訓之使知義，如羊斟之徒是不知義也。周禮校人主養馬耳，不知御車，此言校正屬焉，乃云訓御，蓋令校正助御戎訓御。

荀賓爲右，司士屬焉司士，車右之官。疏注司士車右之官。○正義曰：周禮司士掌羣臣之版，以詔王治，其職非車右之類，不得屬車右也。周禮有司右，上士也，掌羣右之政，凡國之勇力之士能用五兵者屬焉。其下更有戎右，中大夫；齊右，下大夫；道右，上士。此三右或官尊於司右，而司右掌其政令。春秋之世，車右爲尊，此司士蓋周禮司右之類，爲車右屬官。服虔以爲司士主右之官，謂司右也。

使訓勇力之士時使勇力皆車右也。勇力多不順命，故訓之以共時之使。○共，音恭，本亦作供，下文同。疏注勇力至之使。○正義曰：所訓勇力之士，皆謂爲車右者也。設令國有千乘，乘有一右，摠使此官訓之。勇力之士失於彊暴，如魏犨之徒不順上命，故訓之使共時之使，不犯注也。

卿無共御，立軍尉以攝之省卿戎御，令軍尉攝御而已。○省，所景反。令，力呈反。疏注卿無至攝之。○正義曰：卿謂軍之諸將也，若梁餘子養御罕夷，解張御郤克之類，徃前恒有定員，掌共卿御今始省其常員唯立軍尉之官臨有軍事使兼攝之令軍尉兼卿御也祁奚爲中軍尉羊舌職佐之魏絳爲司馬魏犨子也張老爲候奄鐸遏寇爲上軍尉籍偃爲之司馬偃籍談父爲上軍司馬○鐸待洛反遏於葛反徐音謁使訓卒乘親以聽命相親以聽上命○卒子忽反乘繩證反下及注皆同程鄭爲乘馬御六騶屬焉使訓羣騶知禮程鄭荀氏別族乘馬御乘車之僕也六騶六閑之騶周禮諸侯有六閑馬乘車尚禮容故訓羣騶使知禮○騶側留反

疏祁奚至知禮○正義曰晉語云公知祁奚之果而不淫也使爲元尉知羊舌職之聰敏肅給也使佐之知魏絳之勇而不亂也使爲元司馬知張老之知而不詐也使爲元候知鐸遏寇之共敬而信彊也使爲輿尉知籍偃之惇帥舊職而共儉也使爲輿司馬知程鄭爲端而不淫且好諫而不隱也使爲贊僕晉語皆稱其才而用之善公之知人也言元尉元司馬元候者此皆中軍之官元大也中軍尊故稱大也輿尉輿司馬者皆上軍官也輿衆也官與諸軍同故稱衆也從車者爲卒在車者爲乘使此中軍與上軍軍尉司馬各教其軍之士卒使相親以聽在上之命○注程鄭至知禮○正義曰荀氏別族世本有文周禮齊僕下大夫掌馭金路以賓朝覲宗遇饗食皆乘金路杜言乘馬御乘車之僕則當彼齊僕也晉語謂之贊僕當時之官名耳周禮掌馬之官無名騶者襄二十三年傳稱豐點爲孟氏之御騶則騶亦御之類月令季秋天子乃教田獵命僕夫七騶咸駕載旌旐則騶是主駕之官也鄭玄云七騶謂趣馬主爲諸官駕說者也周禮趣馬下士掌駕說之頒是騶爲主駕之官駕車以共御者程鄭爲乘馬御御之貴者故令掌駕之官亦屬之校人職云良馬三乘爲皁皁一趣馬趣馬下士三皁爲繫繫一馭夫馭夫中士六繫爲廄廄一僕夫僕夫上士天子十有二閑邦國六閑鄭玄云每廄爲一閑閑有二百一十六匹如彼計之每廄有趣馬十八人六閑之騶有一百八人皆屬程鄭而使總領之也戎車貴彊力乘車尚禮容故訓羣騶使知禮令教馬進退使合禮法也校人乘馬一師四圉三乘爲皁皁一趣馬三皁爲繫繫一馭夫六繫爲廄廄一僕夫六廄成校校有左右天子十二閑馬六種邦國六閑馬四種家四閑馬二種鄭玄云每廄爲一閑二百二十六匹易乾爲馬此應乾之策也校有左右則天子良馬五種各有四百三十二匹合二千一百六十匹駑馬三之四百三十二匹則千二百九十六匹合三千四百五十六匹詩云騋牝三千舉大數也玉路駕種馬戎路駕戎馬金路駕齊馬象路駕道馬田路駕田馬駑馬給宮中之役邦國六閑四種去種戎其齊道田各用一閑駑馬三之則千二百九十六匹大夫四閑二種去齊道田馬一閑駑馬三之則八百六十四匹四匹一師也十二匹一趣馬也三十六匹一馭夫也二百一十六匹一僕夫也凡六官之長皆民譽也大國三卿晉特置六卿爲軍帥故摠舉六官則知羣官無非其人○長丁丈反帥所類反下之帥爲帥皆同也

疏凡六至譽也○正義曰上已歷言諸官特爲公所知者更復摠言所任皆得其人於時晉立六卿卿名下名有統領羣官非一凡六官之在民上爲長者皆是有德有能之人是民所褒譽者也使魏相以下至程鄭爲乘馬御以上凡有八條之官魏相等爲卿一也荀家等爲公族大夫二也士渥濁爲大傅三也右行辛爲司空四也弁糾爲御戎五也荀賓爲右六也祁奚爲中軍尉至籍偃爲司馬七也程鄭爲乘馬御八也自公族大夫以下七條各云使爲某事而卿下不云使者以卿摠攝羣職非偏主一事故也公族大傅司空不云某官屬焉者以其當官自主更無餘官來屬其祁奚爲中軍尉及羊舌職張老

魏絳鐸遏寇籍偃雖是數官摠爲一條使訓卒乘親以聽命此唯有中軍上軍無下軍之官者蓋時下軍無闕不別立其官故也其卿無共御立軍尉以攝之一句爲下祁奚爲中軍尉肩緒也大略所敘皆尊官在前卑官在後○注大國至其人○正義曰大國三卿是正法當時晉置六卿爲三軍之將佐皆是帥也於是晉又更置新軍凡有四軍八卿但新軍或置或廢故傳不數之耳六官之長非獨卿身乃謂其下凡爲人之長者皆有民之美譽故摠舉六官則知羣官無非其人者也

舉不失職官不易方官守其業無相踰易**疏**舉不至易方○正義曰所舉用者皆堪其官不有失職者也文任文官武任武官其用爲官各守其業不踰易其方也若文人爲武武人爲文則違方易務不能守其業矣

爵不踰德量德授爵**師不陵正旅不偪師**正軍將命卿也師二千五百人之帥也旅五百人之帥也言上下有禮不相陵偪**疏**注正軍至陵偪

正義曰傳言不陵不偪者皆謂下不陵偪其上旅卑於師師卑於正知正是軍將命卿也唯舉師旅不相陵偪言上下有禮皆不相陵偪也

官職

宋右師最貴而子罕以司城為政卿——齊管夷吾魯

叔孫婼皆位卑而執國政

司里——里宰——司城内之民

隧正

右官——右師

校正——主馬　工正——主車

司宮　巷伯

鄉正

宋主之卿

祝宗

傳九年春宋災樂喜爲司城以爲政樂喜子罕也爲政卿知將有火災素戒爲備火之政疏注樂喜至之政○正義曰文七年及成十五年二傳言宋六卿之次皆云右師左師司馬司徒司城司寇其右師最貴故華元曰我爲右師君臣之訓師所司也然則宋國之法當右師爲政卿今言司城爲政卿者蓋宋以華閱是華元之子以元有大功使閱繼其父耳子罕賢知故特使爲政齊任管夷吾魯任叔孫婼皆位卑而執國政此亦當然也此傳言以爲政者以爲救火之政耳但從此以後歷檢傳文鄭人討賊宋人獻玉執築臺之謳削向戌之賞皆是政卿之任故言爲政卿也下晉侯云宋災於是乎知有天道是宋人自知天道當有火災故子罕素相戒勑爲備火之政也自伯氏司里以下巷伯儆官以上皆是子罕素戒之也其諄祀之事是政卿命之非子罕也○使伯氏司里伯氏宋大夫司里里宰疏注伯氏至里宰○正義曰釋言氏里邑也李巡云里居之邑也是里爲邑居之名也周禮五鄰爲里以五鄰必同居故以里爲名里長謂之宰周禮里宰每里下士一人謂六遂之內二十五家之長也此言司里謂司城內之民若今城內之坊里也里必有長不知其官之名周禮有里宰故以宰言之非是郊外之民二十五家之長也使伯氏司此城內諸里之長令各率里內之民表火道以來皆使此伯氏率里民爲之火所未至徹小屋塗大屋大屋難徹就塗之陳畚揭具綆缶畚簣籠揭土轝綆汲索缶汲器○畚音本草器也揭九録反綆古杏反汲水索缶方九反汲水瓦器簣其位反籠力東反轝音預汲音急索悉各反疏注畚簣至汲器○正義曰說文云畚蒲器所以盛糧也宣二年注云畚以草索爲之其器可以盛糧又可以盛土也論語稱爲山用簣是簣爲盛土之器故以畚爲簣籠也說文云揭戟持也戟持者執持此轝其脊如戟形故也其字從手謂以手持物也與畚共文畚是盛土之器則揭是轝土之物也綆者汲水之索儀禮謂之繘方言云自關而東周洛韓魏之間謂之綆關西謂之繘釋器云盎謂之缶說文云缶瓦器所以盛酒漿亦謂之罌罌可以汲水故云汲器也易井卦亦謂取井水爲汲也備水器盆罌之屬○罌戶暫反疏注盆罌之屬○正義曰周禮凌人春始治鑑鄭玄云鑑如甀大口以盛冰則鑑是盛水之器知備水器者備盆罌之屬量輕重計人力所任○任音壬畜水潦積土塗巡丈城繕守備巡行也丈度也繕治也行度守備之處恐因災有亂○蓄本又作畜勑六反潦音老守手又反注守備同巡行下孟反下同度待洛反下同處昌慮反疏巡丈城○正義曰十尺爲丈巡行其城以丈度之故云丈城表火道火起則從其所趣標表之○標必遙反使華臣具正徒華臣華元子爲司徒正徒役徒也司徒之所主也疏注華臣至主也○正義曰周禮大司徒掌徒庶之政令小司徒凡用衆庶則掌其政教凡國之大事致民是司徒掌役徒也言具正徒司里所使隧正所納皆是臨時調民而役之若今之夫役也司徒所具正徒者常共官役若今之正丁也令隧正納郊保

奔火所隧正官名也五縣爲隧納聚郊野保守之民使隨火所起往救之○隧音遂

疏注隧正至救之○正義曰此隧正當天子之遂大夫故遂大夫職云各掌其遂之正令遂人職云五家爲鄰五鄰爲里四里爲酇五酇爲鄙五鄙爲縣五縣爲遂鄭司農云王國百里內爲六鄉外爲六遂鄭玄云郊內比閭族黨州鄉郊外鄰里酇鄙縣遂異其名者示相變耳尚書費誓云魯人三郊三遂然則諸侯之有鄉遂亦以郊內郊外別之也郊內屬鄉者近於國都司徒自率之以入城矣郊外屬遂者是郊野保守之民不可全離所守司徒令遂正量其多少納之於國隨火所起而奔往救之華臣直言具正徒不言其事者以是郊內之民共救火百役即上畜水潦積土塗之類非唯救火而已若郊保之民既遠故使隨火所起奔往救之直救火而已

使華閱討右官官庀其司亦華元子代元爲右師討治也庀具也使具其官屬○閱音悅庀芳婢反注同向戌討左亦如之向戌左師使樂遄庀刑器亦如之樂遄司寇刑器刑書○遄市專反

疏注樂遄至刑書○正義曰此人掌具刑器知其爲司寇也恐其爲火所焚當是國之所重必非刑器爲刑書也哀三年魯人救火云出禮書御書書不名器此言刑器必藏於器物鄭鑄刑書而叔向責之晉鑄刑鼎而仲尼譏之彼鑄之於鼎以示下民故譏其使民知之此言刑器必不在鼎當書於器物官府自掌之不知其在何器也或書之於版號此版爲刑器耳

使皇鄖命校正出馬工正出車備甲兵庀武守皇鄖皇父充石之後校正主馬工正主車使各備其官○鄖音云本亦作員音同校戶教反注同出馬如字徐尺遂反下同守手又反下同

疏注皇鄖至其官○正義曰服虔云皇鄖皇父充石之後十世宗卿爲人之子大司馬椒也車馬甲兵司馬之職使皇鄖掌此事皇鄖必是司馬也校正主馬於周禮爲校人是司馬之屬官也周禮司馬之屬無主車之官巾車車僕職皆掌車乃爲宗伯之屬昭四年傳云夫子爲司馬與工正書服是諸侯之官司馬之屬有工正主車也國有火災恐致姦寇故使司馬命此二官出車馬備甲兵以防非常也傳言庀武守者甲兵器械藏於府庫若今武庫使具其守守此武庫也此事輕於車馬故後言之

使西鉏吾庀府守鉏吾大宰也府六官之典○鉏吾音魚

疏注鉏吾至之典○正義曰鉏吾大宰傳無其文賈逵云然相傳說耳不知其本何所出也周禮大宰之職掌建邦之六典以佐王治邦國一曰治典二曰教典三曰禮典四曰政典五曰刑典六曰事典六官之典謂此也杜以府爲六官之典當謂六官之典其事載之於書故使具其守劉炫以爲府守

十三經注疏

春秋左傳三十　襄公九年

三十五

謂府庫守藏今知不然者以百司府藏已屬左右二師上華閱討右官官庀其司向戌討左亦如之則是府庫之物二師摠令羣官所主案哀三年魯遭火災出禮書御書藏象魏皆以典籍爲重明此府守是六官之典若以爲府庫財物便是不重六典唯貴財物劉以爲府庫而規杜非也

令司宮巷伯儆宮司宮奄臣巷伯寺人皆掌宮內之事○儆音景

疏注司宮至之事○正義曰昭五年傳楚子欲以羊舌肸爲司宮欲加宮刑以此知司宮奄臣謂奄人爲臣主司宮內周禮無司宮巷伯之官唯有內小臣奄上士四人掌王后之命正其服位鄭玄云奄稱士者異其賢也奄人之官此最爲長則司宮當天子之內小臣也周禮又云寺人王之正內五人鄭玄云正內路寢也釋宮云宮中巷謂之壼孫炎曰巷舍間道也王肅云今後宮稱永巷是巷者宮內道名伯長也是宮內門巷之長也周禮內小臣其次即有寺人故知巷伯是寺人也又以詩篇名巷伯經云寺人孟子作爲此詩故知巷伯寺人一也鄭以巷伯爲內小臣既無明文各以意說

二師令四鄉正敬享二師左右師也鄉正鄉大夫享祀也

疏注二師至祀也○正義曰周禮大司徒云五家爲比五比爲閭四閭爲族五族爲黨五黨爲州五州爲鄉鄉大

夫每鄉卿一人天子六鄉卽以卿爲之長此傳云二師命四鄉正則別立鄉正非卿典之但其所職掌當天子之鄉大夫耳周禮鄉大夫各掌其鄉之政教正月之吉受教法于司徒退而頒之于其鄉則鄉正當屬司徒此傳言二師命之者上文右師討右左師討左則宋國之法二師分掌其方左右各掌其二鄉并言其事故云二師命四鄉正也費誓云魯人三郊三遂則魯立三鄉此云命四鄉正則宋立四鄉也周禮鄉爲一軍大國三軍宋是大國不過三軍而有四鄉者當時所立非正法也於是宋置六鄉況四鄉乎周禮祭人鬼曰享故享爲祀也止令敬享不知所享何神周禮大祝國有天災彌祀社稷禱祠鄭玄云天災疫癘水旱也彌猶徧也徧祀社稷及諸所禱又大司徒以荒政十有二聚萬民其十有一曰索鬼神鄭衆云索鬼神求廢祀而脩之雲漢之詩所謂靡神不舉靡愛斯牲者也彼凶荒之年水旱之災尚索鬼神而祭之此遇天火爲災亦當徧祀羣神其所合祭皆應祭之也蓋火起始命之祭耳

祝宗用馬于四墉祀盤庚于西門之外

祝大祝宗宗人墉城也用馬祭于四城以禳火盤庚殷王宋之遠祖城積陰之氣故祀之凡天災有幣無牲用馬祀盤庚皆非禮。墉本又作庸音同盤字亦作般步干反禳如羊反

疏　注祝大至非禮。正義曰周禮大祝掌六祝之辭以事鬼神祇祈福祥小宗伯掌建國之神位特牲少牢士大夫之祭祀也皆宗人掌其事然則諸是祭神言辭大祝掌之禮儀宗人掌之故所有祭祀皆祝宗同行此事別命祝宗使奉此祭非鄉正所爲也文承二師命下亦是二師命之不復言命者亦從上省文也用馬者以馬爲牲祭於四面之城以禳火也禳卻也卻火使滅也盤庚湯之九世孫殷之第十九王也自盤庚至紂又十二王而殷滅盤庚弟小乙是宋微子之八世祖也盤庚之爲殷王無大功德而祀盤庚者當時之意不知何故特祀之也祀盤庚不別言牲明其祀亦用馬也城以積土爲之土積則爲陰積積陰之氣或能制火故祭城以禳火禮亦無此法也莊二十五年傳例曰凡天災有幣無牲用馬祀盤庚皆非禮言用馬祭城祭盤庚皆非禮也此備火災所使羣官急者在前緩者在後故先伯氏司里次華臣具正徒次到隧正納郊保然後二師摠庀羣官先右後左尊卑之次也以刑器車馬甲兵典法國之所重故特命三宮庀具其物先外官備具救火然後及內故次司宮巷伯人事既畢乃祭享鬼神故次敬享祀盤庚之事也

官職

大臣

左襄九對曰古之大臣……

職官

相

右襄十王叔陳生條

家臣

宰　屬大夫

左襄十王叔之宰與伯輿之大夫瑕禽坐獄於王庭　以

宰家臣　瑕禽伯輿屬大夫

職官

當國—於君事—而一人獨決

司馬　司空　司徒　執政

大夫謂卿——士不得稱

初子駟與尉止有爭將禦諸侯之師而黜其車禦牛首師也黜減損尉止獲又與之爭獲囚俘子駟抑尉止曰爾車。非禮也言女車猶多過制。疏注言女至過制正義曰前已減損其車復云爾車非禮明是仍嫌車多言其過制大夫之制不知車當幾乘從軍之車未必制有定限子駟心憎尉止嫌其豪富本意不為過禮制也遂弗使獻不使獻所獲初子駟為田洫司氏堵氏侯氏子師氏皆喪田焉洫田畔溝也子駟為田洫以正封疆而侵四族田。洫況域反堵音者或丁古反喪息浪反下同疆居良反疏注洫田至族田正義曰考工記匠人為溝洫耜廣五寸二耜為耦一耦之伐廣尺深尺謂之甽田首倍之廣二尺深二尺謂之遂九夫為井井間廣四尺深四尺謂之溝方十里為成成間廣八尺深八尺謂之洫方百里為同同間廣二尋深二仞謂之澮然則溝洫俱是通水之路相對大小為異耳皆於田畔為之故云田畔溝也為田造洫故稱田洫此四族皆是富家占田過制子駟為此田洫正其封疆於分有剩則減給他人故正封疆而侵四族田也小司徒云九夫為井四井為邑四邑為丘四丘為甸四甸為縣四縣為都注云此謂都鄙采地之制也故五族聚羣不逞之人

襄十

因公子之徒以作亂八年子駟所殺公子嫛等之黨○嫛許其反本亦作熙又音怡於是子駟當國攝君事也子國爲司馬子耳爲司
空子孔爲司徒冬十月戊辰尉止司臣侯晉堵女父子師僕帥賊以入晨攻執政于西宮
之朝公宮殺子駟子國子耳劫鄭伯以如北宮子孔知之故不死子孔公子嘉也知難不告利得其處也爲十九年殺公子嘉傳○難乃旦
反處昌慮反書曰盜言無大夫焉尉止等五人皆士也大夫謂卿子西聞盜不儆而出子西公孫夏子駟子○儆音景夏戶雅反尸而追盜先臨尸而
追盜盜入於北宮乃歸授甲臣妾多逃器用多喪子產聞盜子國子爲門者置守門庀羣司具衆官○庀匹婢反
閉府庫慎閉藏完守備成列而後出兵車十七乘千二百七十五人○藏才浪反又如字守手又反乘繩證反尸而攻盜於北
宮子蟜帥國人助之殺尉止子師僕盜衆盡死侯晉奔晉堵女父司臣尉翩司齊奔宋尉翩
尉止子司齊司臣子○翩音篇子孔當國代子駟爲載書以位序聽政辟自羣卿諸司各守其職位以受執政之法不得與朝政○辟婢亦反與音預下魯不與同【疏】注自
羣至朝政○正義曰於時鄭伯幼弱政在諸卿國事相與議之不得一人獨決子孔性好專權自以身既當國望其一聽於已新經禍亂與大夫設盟爲盟載之書曰自羣卿諸司以下皆以位之次序一聽執政之法悉皆稟受成旨不得干與
朝政令其權柄在已也大夫諸司門子不順子產謂之專欲難成謂此也服虔云鄭舊世卿父死子代今子孔欲擅改之使以次先爲士大夫乃至卿也若如服言唯當門子恨耳何由大夫諸司亦不順也子孔若爲此法卽是自害其子子孔
之子亦當恨何獨他家門子乎焚書倉門則還依舊法舊法若父死子代子產卽應代父何由十九年始立爲卿大夫諸司門子弗順將誅之子孔欲誅不順者○子產止之

請爲之焚書既止子孔又勸令燒除載書○爲于僞反子孔不可曰爲書以定國衆怒而焚之是衆爲政也國不亦
難乎難以至治○治直吏反子產曰衆怒難犯專欲難成合二難以安國危之道也不如焚書以安衆
子得所欲欲爲政也衆亦得安不亦可乎專欲無成犯衆興禍子必從之乃焚書於倉門之外
衆而後定不於朝內燒欲使遠近見所燒○諸侯之師城虎牢而戍之晉師城梧及制欲以偪鄭也不書城魯不與也梧制皆鄭舊地○梧音吾

官制

舍大臣而與小臣謀

先君有冢卿以爲師保——觀楚囚鍾儀稱於

嬰齊夕于側之言，知保傅以卿兼之矣

襄十四

子鮮從公（子鮮公母弟）及竟公使祝宗告亡且告無罪（告宗廟）定姜曰無神何告若有不可誣也（誣欺也定姜公適母○適丁歷反）有罪若何告無舍大臣而與小臣謀一罪也先君有冢卿以爲師保而蔑之二罪也（謂不釋皮冠之比○舍音捨比必二反也）余以巾櫛事先君而暴妾使余三罪也告亡而已無告無罪（時姜在國故不使得告無罪○櫛側乙反）疏（暴妾使余○正義曰言暴虐使余如妾）

職官

軍尉　司馬　司空　輿尉　候奄

晉六卿于蒲圃六卿過魯○圃布古反過古禾反賜之三命之服軍尉司馬司空輿尉候奄皆受一命之服如韋

晉侯先歸公享

襄十九

十二

戰還之賜唯無先輅○韋音安賄荀偃束錦加璧乘馬先吳壽夢之鼎荀偃中軍元帥故特賄之五匹爲束四馬爲乘壽夢吳子乘也獻鼎於魯因以爲名古之獻物必有以先今以璧馬爲鼎之先○賄呼罪反乘馬繩證反注四馬爲乘同先吳悉薦反又如字夢莫公反帥所類反【疏】注荀偃至之先○正義曰雜記云納幣一束束五兩兩五尋鄭玄云納幣謂昏禮納徵也十箇爲束貴成數兩兩者合其卷是謂五兩八尺曰尋一兩五尋則每卷二丈也合之則四十尺今謂之匹猶匹偶之云彼雖主說昏幣但經傳所言束帛束錦者其束多少皆與彼同故云五匹爲束也吳子乘以十二年卒乘獻此鼎於魯魯人因以其人名之謂之吳壽夢之鼎今以此鼎賄荀偃也古之獻物必有以先之老子云雖有拱抱之璧以先駟馬謂以璧爲馬先也僖三十三年鄭商人弦高以乘韋先牛十二犒師謂以韋爲牛先也二十六年鄭伯賜子展先路三命之服先八邑謂以車服爲邑之先也皆以輕物先重物此錦璧可執馬可牽行皆輕於鼎故以璧馬爲鼎之先以輕先重非以賤先貴鼎價未必貴於璧馬也

職官

「司寇將盜是務去」

左襄廿一

大傅少傅

襄十九使高厚傅牙以爲大子夙沙衛爲少

傅

艮

職官

少正——卿官

召鄭使朝

鄭人使少正公孫僑對少正鄭卿官也公孫僑子產○少詩照反注及下少年同僑其驕反

疏注少正鄭卿官也○正義曰十九年傳云立子產為卿知少正是鄭之卿官名也春秋之

○夏晉人徵朝于鄭

襄廿二

時官名[illegible] 變周禮 無此名也

[illegible]

職官

令尹莫敖

左襄廿五楚蒍子馮卒屈建為令尹屈蕩為莫敖……楚蒍掩為司馬——勉案下文所載皆司馬職

十六札

勉素又十八、六、八札改無言

十六札之説与手稿

設官

宋設官

也公子鮑美而豔襄夫人欲通之（鮑適祖母。豔以驗反適丁歷反）而不可（以禮防閑）夫人助之施昭公無道國人奉公子鮑以因夫人於是華元爲右師（華元督曾孫代公子成。施式豉反）疏注華元督曾孫。正義曰世本云華督生世子家家生華孫御事事生華元右師是也公孫友爲左師華耦爲司馬（代公子卬）鱗鱹爲司徒蕩意諸爲司城公子朝爲司寇（代華御事。鱹古亂反朝如字）初司城蕩卒公孫壽辭司城（壽蕩之子）請使意諸爲之（意諸壽之子）既而告人曰君無道吾官近懼及焉（禍及己）弃官則族無所庇子身之貳也姑紓死焉（姑且也紓緩也。庇必利反又悲位反紓音舒）雖亡子猶不亡族

文十六

已在故也

文公即位使母弟須爲司城（代意諸）華耦卒而使蕩虺爲司馬（虺意諸之弟。虺況鬼反）

○宋武氏之族道昭公子將奉司城須以作亂（文公弒昭公故武族欲因其子以作亂司城須文公弟。宋武氏之族本或作武穆之族者後人取下文妄加也道音導）十二月宋公殺母弟須及昭公子使戴莊桓之族攻武氏於司馬子伯之館（戴族華樂也莊族公孫師也桓族向魚鱗蕩也司馬子伯華耦也。向舒亮反）遂出武穆之族（穆族黨於武氏故）使公孫師爲司城（公孫師莊公之孫）公子朝卒使樂呂爲司寇以靖國人（樂呂戴公之曾孫爲宣三年宋師圍曹傳）疏注樂呂戴公曾孫。正義曰世本云戴公生樂甫術術生碩甫澤澤生夷父須須生大司寇呂今云曾孫誤也

襄十五

楚公子午爲令尹代子囊○公子罷戎爲右尹蔿子馮爲大司馬子馮叔敖從子○罷音皮又戶買反蔿于委反馮皮冰反從才用反疏注子馮叔敖從子○正義曰案世本蔿艾獵是孫叔敖之兄馮是艾獵之子則馮是叔敖兄之子也杜集解及釋例皆以蔿艾獵叔敖爲一人馮是叔敖之子世本轉寫多誤杜當考得其眞公子櫜師爲右司馬公子成爲左司馬屈到爲莫敖屈到屈蕩子○櫜音託成音城屈居勿反公子追舒爲箴尹追舒莊王子子南○箴之林反屈蕩爲連尹養由基爲宮廄尹以靖國人君子謂楚於是乎能官人官人國之急也能官人則民無覦心無覬覦以求幸○廄徐音救覦羊朱反徐音踰覬音冀○疏屈蕩爲連尹○正義曰服虔云連尹射官言射相連屬也若是主射當使養由基爲之何以使由基爲宮廄尹棄能不用豈得爲能官人也官名臨時所作莫敖之徒並不可解故杜皆不解之詩云嗟我懷人寘彼周行能官人也詩周南也寘置也行列也周徧也詩人嗟歎言我思得賢人置之徧於列位是后妃之志以官人爲急○寘之豉反下同行戶郎反注及下同徧音遍下同疏注詩周至爲急○正義曰周南卷耳之篇也序云后妃之志又當輔佐君子求賢審官故詩人述其意后妃嗟歎言我思得賢人置之使徧於列位是后妃之志以官人爲急故嗟歎思之王及公侯伯子男甸采衞大夫各居其列所謂周行也言自王以下諸侯大夫各任其職則是詩人周行之志也甸采衞五服之名也天子所居千里曰圻其外曰侯服次曰甸服次曰男服次曰采服次曰衞服五百里爲一服不言侯男略舉也○任音壬圻音祈疏王及至行也○正義曰后妃之志志在輔王求賢置之於公卿以下之位耳非欲更別求賢置之於王位也但公卿以下尚欲使之皆賢豈欲王之不賢乎雖不欲他賢代王而欲所王行益賢也以周訓爲徧言徧在列位故自王以下及六服之内大夫以上皆言之各以賢能居其列位是詩人所謂周行者也詩后妃之意亦下及士但傳以士卑故指言大夫耳詩傳以周行謂周之列位此注云周徧者斷章爲義與詩說不同也此云能官人者謂能官用賢人爲公侯以下王則天之所命非人所用兼言王者王居天位脩行善政則是爲能官人故杜云自王以下各任其職

月大雩無傳書過○宋華臣出奔陳暴亂宗室懼而出奔實以冬出書秋者以始作亂時來告○華戶化反

注暴亂至來告○正義曰傳說此事文在冬不知其實以冬出經書在秋故知追以秋告實冬出而告以秋明以華臣始作亂時來告也但傳因華臣之出本其懼罪之由故於冬之下追言華閱卒耳其實華閱之卒或在九月之前華臣弱其室殺其宰不在九月內耳○冬邾人伐我南鄙

傳十七年春宋莊朝伐陳獲司徒卬卑宋也司徒卬陳大夫卑宋不設備○朝如字凡人名字皆放此卬五郎反注同○衛孫蒯田于曹

襄十七

待彊者而庇。民焉寇不爲害民不罷病不亦可乎子展曰小所以事大信也小國無信兵亂日至亡無日矣五會之信謂三年會雞澤五年會戚又會城棣七年會鄬八年會邢丘。庇必利反又音祕下同罷音皮疏注謂三至邢丘。正義曰鄬之會鄭伯未至而卒亦數之者鄭伯雖身死耳其會與鄭同謀故數之今將背之雖楚救我將安用之言失信得楚不足貴。背音佩至卷末皆同親我無成晉親鄭鄙我是欲楚欲以鄭爲鄙邑而反欲與成不可從也言子駟不可從不如待晉晉君方明四軍無闕八卿和睦必不棄鄭四軍謂上中下新軍也軍有二卿疏八卿和睦。正義曰八卿者據九年傳荀罃將中軍士匄佐之荀偃將上軍韓起佐之欒黶將下軍士魴佐之趙武將新軍魏絳佐之楚師遼遠糧食將盡必將速歸何患焉舍之聞之舍之子展名杖莫如信完守以老楚杖信以待晉不亦可乎子駟曰詩

○鄭成公疾，子駟請息肩於晉。欲辟楚役，以負擔喻。○擔，都暫反。公曰：楚君以鄭故，親集矢於其目，謂鄢陵戰，晉射楚王目。○射，食亦反。非異人任，寡人也。言楚子任此患，不爲他人，蓋在己。○非異人任絶句，任音壬，一讀至人字絶句。爲，于僞反。若背之，是棄力與言，其誰暱我？言，盟誓之言。○背音佩。棄力，服本作棄功。暱，本又作昵，女乙反，徐乃吉反。免寡人，唯二三子。疏 集矢至三子○正義曰：說文云：鳥之短尾者揔名爲隹，隹在木上爲集，集是鳥止之名。矢有羽似鳥，故亦稱集也。楚君被射目者，非是爲異人也，任此患者爲寡人也。今若背之，棄其助鄭之力與盟誓之言，他人其誰肯親我乎？免寡人此棄力背言之責，唯二三子耳。

十三經注疏　春秋左傳二十九　襄公二年　二年　二五

○秋七月庚辰，鄭伯睔卒。於是子罕當國，攝君事。疏 子罕當國○正義曰：禮，君薨，聽於冢宰，不須攝行君事。此令子罕當國者，鄭國間於晉楚，國家多難，霸代之際，或致傾危，蓋成公顧命使之當國，非常法也。子駟爲政，已是正卿，知當國者爲攝君事矣。沈氏云：魯襄四歲，國家無虞，今僖公年雖長大，爲偪於晉楚，故令子罕當國也。子駟爲政，爲政卿。子國爲司馬。晉師侵鄭。晉伐喪，非禮。諸大夫欲從晉，子駟曰：官命未改。成公未葬，嗣君未免喪，故言未改，不欲違先君意。疏 官命未改○正義曰：先君既葬，嗣君正位，乃得建官命臣。十六年晉侯改服脩官，是其事也。先君未葬，皆因舊事，不得建官命臣，故云官命未改。庶事悉皆未改，不可卽違先君。言此者，不用從晉之意故也。會于戚，謀鄭故也。

襄二

公享之季武子賦緜之卒章緜詩大雅卒章。取文王有四臣故能以緜緜致興盛以晉侯比文王以韓子比四輔○四臣大顛閎夭散宜生南宮适四輔謂先後奔走疏附禦侮

【疏】注文王有四臣○正義曰緜詩云予曰有疏附予曰有先後予曰有奔奏予曰有禦侮注云率下親上曰疏附相道前後曰先後喻德宣譽曰奔奏武臣折衝曰禦侮

昭二

本

叔孫宣伯之在齊也〔宣伯魯叔孫僑如成十六年奔齊〕叔孫還納其女於靈公嬖生景公〔還齊羣公子納宣伯女於靈公○還音旋〕丁丑崔杼立而相之慶封爲左相盟國人於大宮〔大宮大公廟○相息亮反下同大音泰注同〕曰所不與崔慶者晏子仰天歎曰嬰所不唯忠於君利社稷者是與有如上帝乃歃〔盟書云所不與崔慶者有如上帝讀書未終晏子抄荅易其辭因自歃○曰所不與崔慶者本或此下有有如此盟四字者後人妄加歃所洽反又所甲反〕辛巳公與大夫及莒子盟〔莒子朝齊遇崔杼作亂未去故復與景公盟○復扶又反〕

襄廿五

飲酒禮則獻酬事訖大夫皆坐然則既獻召悼子者謂獻臧紇及大夫訖而召悼子至旅酬之時而召公鉏使與之齒使從庶子之禮列在悼子之下季孫失色恐公鉏不從季氏以公鉏爲馬正馬正家司馬愠而不出閔子馬見之閔子馬閔馬父。愠紆運反怨也怒也曰子無然禍福無門唯人所召爲人子者患不孝不患無所所位處。處昌慮反敬共父命何常之有言廢置在父無常位也若能孝敬富倍季氏可也父寵之則可富疏若能至氏可也。正義曰悼子既爲適子將承季氏之後故謂悼子爲季氏下言爲孟孫其意亦然富倍季氏言可過悼子也姦回不軌更獲罪戾非徒貧賤而已是爲倍下民故杜云禍甚於貧賤也

姦回不軌禍倍下民可也禍甚於貧賤公鉏然之敬共朝夕恪居官次次舍也。朝如字恪苦各反季孫喜使飲已酒而以具往盡舍旃具饗燕之具。舍音捨故公鉏氏富又出爲公左宰出季氏家臣仕於公孟孫惡臧孫不相善。惡烏路反下之惡子之惡我君所惡皆同季孫愛之愛其成已志孟氏之御騶豐點好羯也羯孟莊子之庶子孺子秩之弟孝伯也。騶側留反點都簟反又之廉反好呼報反羯居竭反曰從余言必爲孟孫爲孟孫後疏孟氏之御騶。正義曰成十八年傳曰程鄭爲乘馬御六騶屬焉使訓羣騶知禮注云六騶六閑之騶則騶是掌馬之官盖兼掌御事謂之御騶再

外交

季武子如晉拜師（謝討齊）晉侯享之范宣子爲政（代荀偃將中軍○將子匠反後放此）賦黍苗（黍苗詩小雅美召伯勞來諸侯如陰雨之長黍苗也喻晉君憂勞魯國猶召伯○召上照反下同勞力報反來力代反長丁丈反）季武子興再拜稽首曰小國之仰大國也如百穀之仰膏雨焉若常膏之其天下輯睦豈唯敝邑賦六月（六月尹吉甫佐天子征伐之詩以晉侯比吉甫出征以匡王國○仰如字徐五亮反下同膏雨如字徐古報反）

自徐關入齊侯見保者曰勉之齊師敗矣所過城邑皆勉勵其守者。守手又反辟女子使辟君也齊侯單還故婦人不辟之。辟音避注皆同一音扶赤反單音丹女子曰君免乎曰免矣曰鋭司徒免乎曰免矣鋭司徒主鋭兵者。鋭悅歲反曰苟君與吾父免矣可若何言餘人不可復如何。復扶又反乃奔走辟君齊侯以爲有禮先問君後問父故也既而問之辟司徒之妻也辟司徒主壘壁者。辟音壁必覓反注同徐甫亦反予之石窌石窌邑名濟北盧縣東有地名石窌。窌力救反一音力到反

爾雅疏卷第十

翰林侍講學士朝請大夫守國子祭酒上柱國賜紫金魚袋臣邢昺等奉　勑校定

釋鳥第十七 疏 釋鳥第十七○釋曰說文云鳥者羽禽之總名象形字左傳曰少皞氏以鳥名官之類此篇廣釋其名也

隹其鳺鴀 今鵓鳩○鳺方扶切鴀方浮切 疏 隹其鳺鴀○釋曰舍人曰鵻一名夫不李巡曰今楚鳩也某氏引春秋云祝鳩氏司徒祝鳩即鵻其夫不孝故爲司徒也郭云今鵓鳩詩曰翩翩者鵻毛傳云鵻夫不也一宿之鳥鄭箋云一宿者一意於所宿之木又云鳥之謹愨者人皆愛之則此是謹愨孝順之鳥也陸機云今小鳩也一名鵓鳩幽州人或謂之鷱鷞梁宋之間謂之隹楊州人亦然

鶌鳩鶻鵃 似山鵲而小短尾青黑色多聲今江東亦呼爲鶻鵃○鶌居物切鶻音骨鵃音嘲 疏 鶌鳩鶻鵃○釋曰春秋左氏傳云鶻鳩氏司事也杜注云鶻鳩鶻鵰也春來秋去故爲司事即此鶌鳩也舍人曰鶌鳩一名鶻鵃今之班鳩孫炎曰鶌鳩一名鳴鳩月令云鳴鳩拂其羽郭云似山鵲而小短尾青黑色多聲今江東亦呼爲鶻鵃案舊說及廣雅皆云班鳩非也

鳲鳩鴶鵴 今之布穀也江東呼爲穫穀○鳲音尸鴶古八切鵴音菊 疏 鳲鳩鴶鵴○釋曰左傳云鳲鳩氏司空也詩召南云維鵲有巢維鳩居之皆謂此也郭云今之布穀江東呼爲穫穀埤倉云鴶鵴方言云戴勝謝氏云布穀類也陸機云云今梁宋之間謂布穀爲鴶鵴一名擊穀一名桑鳩案戴勝自生穴中不巢生而方言云戴勝非也

鷑鳩鵧

庚商庚 即鶬黃也

鴩餔敊 未詳○鴩大結反餔音步敊音鼓

鷹鶆鳩 鶆當爲鷞字之誤耳左傳作鷞鳩是也 疏 鷹鶆鳩○釋曰樊光曰來鳩爽鳩也春秋曰爽鳩氏司寇鷹鷙故爲司寇郭云鶆當爲鷞字之誤耳左傳作鷞鳩是也案昭十七年左傳郯子曰少皞氏以鳥名官爽鳩氏司寇也杜注云爽鳩鷹也鷙故爲司寇主盜賊是也

鶼鶼比翼 說已在上 疏 鶼鶼比翼○釋曰鶼鶼比翼鳥名也說在

春鳸鳻鶞夏鳸竊玄秋鳸竊藍冬鳸竊黄桑鳸竊脂棘鳸竊丹行鳸唶唶宵鳸嘖嘖諸鳸皆因其毛色音聲以爲名竊藍青色○鳻音汾鶞物倫切唶音即嘖音責

疏 春鳸至嘖嘖○釋曰李巡云諸鳸別春夏秋冬四時之名唶唶嘖嘖鳥聲貌也郭云諸鳸皆因其毛色音聲以爲名竊藍青色案昭十七年左傳云九鳸爲九農正以此八鳸并上鳸爲九賈逵注云春鳸分循相五土之宜趣民耕種者也夏鳸竊玄趣民耘苗者也秋鳸竊藍趣民收斂者也冬鳸竊黄趣民蓋藏者也棘鳸竊丹爲果驅鳥者也行鳸唶唶爲民驅鳥者也宵鳸嘖嘖夜爲農驅獸者也桑鳸竊脂爲蠶驅雀者也老鳸鷃鷃趣民收麥令不得晏起者也舍人樊光注爾雅其言亦與賈同其意皆謂以鳸爲官還令依此諸鳸而動作也然則趣民耕耘及收斂蓋藏其事可得召民使聚而總號令之其爲果驅鳥爲蠶驅雀豈得多置官方使之就果樹入蠶室爲民驅之哉又晝驅鳥夜驅獸不可竟日通宵常在田野溥天之下何以可周且其言不經難可據信也故郭氏及杜預皆不從也

鶝鴔戴鵀鵀即頭上勝今亦呼爲戴勝鶝鴔猶鶻鵃語聲轉耳○鶝彼及切鴔皮及切鵀音賃

疏 鶝鴔戴鵀○釋曰李巡云戴勝一名鶝鴔郭云鵀即頭上勝今亦呼爲戴勝鶝鴔猶鶻鵃語聲轉耳○月令季春云戴勝降于桑方言云燕之東北朝鮮洌水之間謂之鶝鴔自關而東謂之戴鵀或謂之戴[illegible]或謂之戴勝東齊吳揚之間謂之鵀○自關而西謂之服鶝或謂之鵖鶝

鷎澤虞今婣澤鳥似水鴞蒼黑色常在澤中見人輒鳴喚不去有象主守之官因名云俗呼爲護田鳥○鷎于往切

疏 鷎澤虞○釋曰澤虞一名鷎郭云今婣澤鳥似水鴞蒼黑色常在澤中見人輒鳴喚不去有象主守之官因名云俗呼爲護田鳥說文云婣嫪也聲類云婣嫪戀惜也以此鳥戀惜池澤見人不去因名婣澤鳥也

鶿鷧即鸕鶿也觜頭曲如鉤食魚○鶿音慈

之也鸞山鵲似鵲而有文彩長尾觜脚赤。鸞音握疏鸞山鵲。釋曰山鵲一名鸞郭云似鵲而有文彩長尾觜脚赤說文云知來事鳥也鷏負雀鷏鷂也江南呼之爲鷏善捉雀因名云。鷏音淫疏鷏負雀。釋曰鷏一名負雀郭云鷏鷂也江南呼之爲鷏善捉雀因名云齧齒艾未詳鶨鶀老鳹鶨也俗呼爲癡鳥。鶨丑絹切鳹巨炎切疏鶨鶀老。釋曰鶨一名鶀老郭云鳹鶨俗呼爲癡鳥字林云勾喙鳥鳸鴳今鴳雀。鳸音戶鴳音晏疏鳸鴳。釋曰別二名也郭云今鴳雀案舍人李巡孫炎郭氏皆斷老上屬鳸下屬解云鶨一名鶀老鴳一名鳸鳸雀也唯樊光斷鶨鶀爲句以老下屬注云春秋云九鳸爲九農正九鳸者春鳸夏鳸秋鳸冬鳸棘鳸行鳸宵鳸桑鳸老鳸是以老爲下屬唯鴳不重耳杜預仍云老鳸鴳鴳非郭義桑鳸竊脂俗謂之青雀觜曲食肉好盜脂膏因名云疏桑鳸竊脂。釋曰桑鳸一名竊脂郭云俗謂之青雀觜曲食肉好盜脂膏因名云鄭玄詩箋云竊脂肉食陸機毛詩疏云竊脂青雀也好竊人脯肉脂及筩中膏故以名竊脂也諸儒說竊脂皆謂盜人脂膏即如下云竊玄竊黃者豈復盜竊玄黃乎案下篇釋獸云虎竊毛謂之虥貓虥如小

十三經注疏　爾雅十　釋鳥十七　三三

熊竊毛而黃竊毛皆謂淺毛竊即古之淺字但此鳥其色不純竊玄淺黑也竊藍淺青也竊黃淺黃也竊丹淺赤也四色皆具則竊脂爲淺白也而諸儒必爲盜竊脂膏者以此經下別云桑鳸與竊玄竊黃等幷列則爲淺白者也春秋九鳸是也此自別一種青雀好竊脂肉目驗而然詩小雅交交桑鳸是也且鄭玄郭樸陸機皆當世名儒無容不知竊爲淺義脂爲白色而待後人𠛬正也後人不達此旨妄說異端非也鳭鷯剖葦好剖葦皮食其中蟲因名云江

伯勞也似鶷鶡而大左傳曰伯趙氏○鶪工役切疏鶪伯勞也○釋曰李巡云伯勞一名鶪樊光曰春秋傳曰少皡氏以鳥名官伯趙氏司至伯趙鶪也以夏至來冬至去郭云似鶷鶡而大陳思王惡鳥論云伯勞以五月鳴應陰氣之動陽氣爲仁養陰爲殺殘賊伯勞蓋賊害之鳥也其聲鶪鶪故以其音名云月令仲夏之月鶪始鳴是也○注似鶷至趙氏○釋曰云似鶷鶡而大者字林云鶷鶡似伯勞而小故也云左傳伯趙是者案昭十七年云伯趙氏司至者也杜注云伯趙伯勞也以夏至鳴冬至止是也

倉庚黧黃也其色黧黑而黃因以名云○黧力知切疏倉庚黧黃也○釋曰即上黃鳥也郭云其色黧黑而黃因以名云

鶪

[illegible]

奉上之道多威儀威儀不及於禮物惟曰不奉上人君惟不役志於奉上則凡人化之惟曰不奉上矣

淳于髡曰先名實者為人也後名實者自為也夫子在三卿之中名實未加於上下而去之仁者固如此乎

淳于姓髡名也齊之辯士名者有道德之名實者治國惠民之功實也齊大國有三卿謂孟子嘗處此三卿之中矣未聞名實下濟於民上匡其君而速去之仁者之道固當然乎

孟子

者甘食至不爲憂矣孟子言人之飢餓則易爲食故以甘之渴者易爲飲故以甘之然而不得飲食味之正者也以其但爲飢渴害其本性耳豈獨飲食於口腹爲有飢渴以害之言人心亦皆有以害之也以其利慾害之歟也人能無以飢渴之害爲心之害則所養不及於人亦不足爲可憂矣蓋無以飢渴爲心害則孟子以飢渴之害亦猶利欲之害故假託而言之也

孟子曰柳下惠不以三公易其介介大也柳下惠執弘大之志不恥汚君不以三公榮位易其大量也

疏正義曰此章言柳下惠不恭用志大也無可無否以貴爲賤者也孟子言柳下惠不以三公之榮位而移易己之大志也以其所守之介在道而已是所以不羞小官者焉今夫三公者

官職

將盟鄭六卿公子騑子駟公子發子國公子嘉子孔公孫輒子耳公孫蠆子蟜○蠆勑邁反公孫舍之子展及其大夫門子皆從鄭伯門子卿之適子○從才用反適丁歷反

疏注門子卿之適子○正義曰周禮小宗伯掌三族之別以辯親疏其正室皆謂之門子鄭玄云正室適子也將代父當門者也是卿之適子爲門子也

襄九

夏蔡滅沈秋楚爲沈故圍蔡伍員爲吴行人以謀楚楚之殺郤宛也在昭二十七年○員音云伯氏之族出郤宛黨伯州犁之孫嚭爲吴大宰以謀楚楚自昭王卽位無歲不有吴師蔡侯因之以其子乾與其大夫之子爲質於吴

殘宋此佳

邑○十一月宋公元公將爲公故如晉請納公○爲音于僞反夢大子欒即位於廟已與平公服而相之平公

元公父○相息亮反疏服而相之○正義曰言已與父平公盛服飾而輔相之也旦召六卿公曰寡人不佞不能事父兄父兄謂華向以爲二三

子憂寡人之罪也若以羣子之靈獲保首領以殁唯是楄柎所以藉幹者楄柎棺中笭牀也幹骸骨也○殁音没楄

蒲田反柎步口反又音附藉在夜反笭力丁反骸戶皆反疏注楄柎至骨也○正義曰說文云楄方木也幹脅也木以藉脅明是棺中笭牀也宋元所言藉幹者舉脅而言耳非獨爲脅故云幹骸骨也請無及先

君欲自貶損仲幾對曰君若以社稷之故私降昵宴羣臣弗敢知昵近也降昵宴謂損親近樂飲食之事○昵女乙反若夫

宋國之法死生之度先君有命矣羣臣以死守之弗敢失隊臣之失職常刑不赦臣不忍

其死君命祇辱言君命必不行祇適也○隊直類反祇音支宋公遂行已亥卒于曲棘爲明年梁丘據語起本○十二月庚辰齊

昭公

掌三公孤卿之弔勞王使往。勞力報反下同勞後弔勞皆同疏注王使往。釋曰此等皆王合親往今使大僕者或王有故不得親往故使大僕也王燕飲則相其法相左右。相悉亮反注及下并御僕職同疏注相左右。釋曰此燕飲謂與諸侯燕若公三燕侯伯再燕子男一燕之等或與羣臣燕之等皆是其法有主人酌酒獻賓賓酢主人主人酬賓洗爵升降之法皆左右相助王故云相其法也

小臣掌三公及孤卿之復逆

小臣掌王之小命詔相王之小法儀小命時事所勑問也小法儀趨行拱揖之容疏注小命至之容。釋曰大僕所云大命及祭祀賓客詔相之者是大此小臣大僕之

佐故掌其小者也云趨行拱揖之容者謂若趨以采薺行以肆夏大子揖同姓之等皆有容儀而詔相之掌三公及孤卿之復逆

原文

司士正朝儀之位

正朝儀之位辨其貴賤之等王南鄉三公北面東上孤東面北上卿大夫西面北上王族故士虎士在路門之右南面東上大僕大右大僕從者在路門之左南面西上此王日視朝事於路門外之位王族故士故爲士晚退留宿衛者未嘗仕雖同族不得在王宮大右司右也大僕從者小臣祭僕御僕隸僕○正朝直遥反注下皆同後内朝外朝朝聘朝覲視朝朝位之類倣此以意求之鄉許亮反下注同大音泰下倣此宿音夙劉息就反疏正朝至西上○釋曰經所云上者皆據近王爲上不據陰陽左右也○注此王至隸僕○釋曰云此王日視朝事於路門外之位者對彼大僕職路寢庭有燕朝朝士職庫門外有外朝而言也但彼外朝斷獄弊訟并三詢之朝有諸侯在焉諸侯既在西方右九棘之下孤避之在東方羣臣之位西面也其餘三公卿大夫等仍與此位同也云王族故士故爲士者此云故爲士對新升試士未得正爵者爲新士不得留宿士也云晚退留宿衛者宿衛之人皆不得與凡平羣臣同時出故云晚退留宿衛必知此故士是宿衛者以其與虎士同位。是宿衛者也云未嘗仕雖同族不得在王宮者以經稱王族故士明未仕者不得在王宮也知大右是司右者按司右掌羣右此云大右是右中之大明是司右也知大僕從是小臣祭僕之等者以其云大僕從者謂從大僕按大僕職下即有小臣祭僕御僕隸僕等皆是小臣已下者也司士擯詔王出揖公卿大夫以下朝者○擯必刃反疏注詔王至朝者○釋曰知擯是詔王出揖公卿大夫以下朝者以其王迎諸侯爲擯是大宗伯及小行人肆師之等非司士之職此上文云公卿大夫士等朝事下文云王揖此中間云司士擯明爲詔王出揖之事也孤卿特揖大夫以其等旅揖士旁三揖王還揖門左揖門右特揖一一揖之旅衆也大夫爵同者衆揖之公及孤卿大夫始入門右皆北面東上王揖之乃就位羣士及故士大僕之屬發在其位羣士位東面王西南鄉而揖之三揖者士有上中下王揖之皆逡遁既復位鄭司農云卿大夫士皆君之所揖禮春秋傳所謂三揖在下○逡遁七旬反下音巡疏注特揖王在下康叔以大路少帛綪茷旃旌大呂殷民七族陶氏施氏繁氏錡氏樊氏饑氏終葵氏封畛土略自武父以南及圃田之北竟取於有閻之土以共王職取於相土之東都以會王之東蒐聃季授土陶叔授民命以康誥而封於殷虛皆啓以商政疆以周索分唐叔以大路密須之鼓闕鞏沽洗懷姓九宗職官五正命以唐誥而封於夏虛啓以夏政疆以戎索三者皆叔也而有令德故昭之以分物不然文武成康之伯猶多而不獲是分也唯不尚年也管蔡啓商惎間王室王於是乎殺管叔而蔡蔡叔以車七乘徒七十人其子蔡仲改行帥德周公舉之以爲己卿士見諸王而命之以蔡其命書云王曰胡無若爾考之違王命也若之何其使蔡先衛也武王之母弟八人周公爲太宰康叔爲司寇聃季爲司空五叔無官豈尚年哉曹文之昭也晉武之穆也曹爲伯甸非尚年也今將尚之是反先王也晉文公爲踐土之盟衛成公不在夷叔其母弟也猶先蔡其載書云王若曰晉重魯申衛武蔡甲午鄭捷齊潘宋王臣莒期藏在周府可覆視也吾子欲復文武之略而不正其德將如之何萇弘說告劉子與范獻子謀之乃長衛侯於盟反自召陵鄭子大叔未至而卒晉趙簡子爲之臨甚哀

右

刺

(周書小開武)「三極:一維天九星,二維地九州,三維人四佐」九州九星の
[illegible]九星也の左疏附謂[illegible]是[illegible]」

(文酌解)「三極:一天有九列,別時陰陽;二地有九州,別處五行;三人有四佐,佐官維明」
の佐と右維[illegible]の佐[illegible]

(文[illegible])「[illegible]一言文世[illegible]以天下[illegible]二[illegible]文[illegible]
民寧。三臣文[illegible]」に填[illegible]備[illegible]の[illegible]文[illegible]失信[illegible]
[illegible]□□□□[illegible]周[illegible]民懷

亥葬諸士孫之里四翣不蹕下車七乘不以兵甲○晉侯濟自泮會于夷儀伐齊以報朝歌之役齊人以莊公說使隰鉏請成慶封如師男女以班賂晉侯以宗器樂器自六正五吏三十帥三軍之大夫百官之正長師旅及處守者皆有賂晉侯許之使叔向告於諸侯公使子服惠伯對曰君舍有罪以靖小國君之惠也寡君聞命矣○晉侯使魏舒宛沒逆衛侯將使衛與之夷儀崔子止其帑以求五鹿○初陳侯會楚子伐鄭當陳隧者井堙木刊鄭人怨之六月鄭子展子產帥車七百乘伐陳宵突陳城遂入之陳侯扶其大子偃師奔墓遇司馬桓子曰載余曰將巡城遇賈獲載其母妻下之而授公車公曰舍而母辭曰不祥與其妻扶其母以奔墓亦免子展命師無入公宮與子產親御諸門陳侯使司馬桓子賂以宗器陳侯免擁社使其衆男女別而纍以待於朝子展執縶而見再拜稽首承飲而進獻子美入數俘而出祝祓社司徒致民司馬致節司空致地乃還○秋七月己巳同盟于重丘齊成故也○趙文子

崔杼使大子光先至于師故長於滕巳酉師于牛首○初子駟與尉止有爭將禦諸
侯之師而黜其車尉止獲又與之爭子駟抑尉止曰爾車非禮也遂弗使獻初子駟
爲田洫司氏堵氏侯氏子師氏皆喪田焉故五族聚羣不逞之人因公子之徒以作
亂於是子駟當國子國爲司馬子耳爲司空子孔爲司徒冬十月戊辰尉止司臣侯

難乎余何愛焉使往視寢生叔虎美而有勇力欒懷子嬖之故羊舌氏之族及於難欒盈過於周周西鄙掠之劫掠財物。鄙間厠之間於難乃旦反掠音亮辭於行人王行人也曰天子陪臣盈諸侯之臣稱於天子曰陪臣得罪於王之守臣守臣晉侯也宣子爲王所命故曰守臣。守手又反注同將逃罪罪重於郊甸重得罪於郊甸謂爲郊甸所侵掠也郭外曰郊郊外曰甸。罪重直用反注同甸徒練反無所伏竄敢布其死布陳也。竄七亂反昔陪臣書能輸力於王室王施惠焉輸力謂輔相晉國以翼戴天子。相息亮反其子黶不能保任其父之勞大君若不棄書之力亡臣猶有所逃大君謂天王。任音壬疏注大君謂天王。正義曰盈進言於王而稱大君知大君謂天王也大君君之大者故以爲天子易云大君有命亦謂天子也若棄書之力而思黶之罪臣戮餘也罪戮之餘將歸死於尉氏尉氏討姦之官不敢還矣敢布四體唯大君命焉布四體言無所隱疏注尉氏討姦之官。正義曰歸死尉氏猶言歸死於司敗耳尉氏主刑人故爲討姦之官周禮司寇之屬無尉氏之官蓋周室既衰官名改易於時有此官耳其司敗亦非周禮之官名也王曰尤而效之其又甚焉尤晉逐盈而自掠之是效尤。效或作傚戶教反使司徒禁掠欒氏者歸所取焉使候出諸轘轅候送迎賓客之官也轘轅關在緱氏縣東南。轅音袁疏使司至氏者。正義曰周官司寇掌詰姦慝刑暴亂當使司寇而此云司徒者以司徒掌會萬民之卒伍以起徒役以比追胥以此追寇盜是其所掌獲得罪人乃使司寇刑之耳

襄廿一

職官　外宗　交法

○宋寺人柳有寵有寵於平公○寺本又作

侍柳良九反寺人名大子佐惡之華合比曰我殺之。欲以求媚大子○惡烏路反柳聞之乃坎用牲埋書詐爲盟處○處昌慮反下同而告公曰合比將納亡人之族亡人華臣也襄十七年奔衛既盟于北郭矣公使視之有焉遂逐華合比合比奔衛於是華亥欲代右師亥合比弟欲得合比處乃與寺人柳比從爲之徵曰聞之久矣。聞合比欲納華臣○柳比毗志反公

使代之代合比爲右師見於左師左師向戌○見賢遍反又如字左師曰女夫也人亡夫謂華亥○女音汝下并注同夫方于反注同女喪而宗室於人何有人亦於女何有言人亦不能愛女○喪息浪反詩曰宗子維城毋俾城壞毋獨斯畏詩大雅言宗子之固若城俾使也○俾必爾反

疏 詩曰至斯畏○正義曰大雅板之篇凡伯刺厲王之詩也言宗子之固惟若城也卽謂宗子爲城言宗人當固之毋使此城傾壞傾壞則女獨矣女既獨此必有所畏懼也

女其畏哉爲二十年華亥出奔

昭六

官録

大敗華氏圍諸南里華亥搏膺而呼見華貙曰吾爲欒氏矣（晉欒盈還入作亂而死事在襄二十三年○搏音博呼好故反）貙曰子無我迋不幸而後亡（迋恐也○迋求枉反恐丘勇反）使華登如楚乞師華貙以車十五乘徒七十人犯師而出（犯公師出送華登）食於睢上哭而送之乃復入（入南里○睢音雖復扶又反）楚薳越帥師將逆華氏大宰犯諫曰諸侯唯宋事其君今又爭國釋君而臣是助無乃不可乎王曰而告我也後既許之矣（爲明年華向出奔楚傳○薳于委反）【疏】諸侯唯宋事其君○正義曰言諸侯之內唯宋之臣民善事其君古以前未嘗有叛逆者也俗本或無其字若無其字則是唯宋事楚檢於時宋國不屬楚也○王曰而告我也後○正義曰謂大宰犯諫在華登出師之後○蔡侯朱

服之

司徒

宋人慮更爲害洩欲取殺之故諸侯之戍固請出之宋人乃從之救宋而除其害又何求乃固請出之宋人從之己巳宋華亥向寧華定華貙華登皇奄傷省臧士平出奔楚華貙已下五子不書非卿。省悉井反又所景反臧子郎反。宋公使公孫忌爲大司馬代華費遂邊卬爲大司徒卬平公曾孫代華定。卬五郎反樂祁爲司馬祁子罕孫樂祁犁。犁力私反又力兮反。仲幾爲左師幾仲左孫

十三經注疏　春秋左傳五十　昭公二十二年　三六

代向寧。幾音基。樂大心爲右師代華亥樂輓爲大司寇輓子罕孫。輓音晩以靖國人終梓愼之言三年而後弭。弭彌氏反

昭廿二

職官

若禜之可移於令尹司馬（禜禳祭。禜音詠，禳如羊反）王曰除腹心之疾而寘諸股肱何益不穀不有大過天其夭諸有罪受罰又焉移之遂弗禜

哀六

秋吳人侵楚伐夷侵潛六（皆楚邑）楚沇尹戌帥師救潛吳師還楚師遷潛於南岡而還

昭卅一

吳師圍弦左司馬戌右司馬稽帥師救弦及豫章（左司馬沇尹戌。稽音啓又古兮反）吳師還始用子胥之謀也

獻子之謀〇楚公子申爲右司馬多受小國之賂以偪子重子辛偪奪其權勢楚人殺之故書曰楚殺其大夫公子申言所以致國討之文

襄二

孟孫立于房外謂范獻子曰陽虎若不能居魯而息肩於晉所不以爲中軍司馬者有如先君稱先君以徵其言若欲使晉必厚待之疏孟孫至先君○正義曰獻子之意不爲陽虎求官欲使晉人知陽虎專權爲國所患言若不得居魯而息肩於晉示已知陽虎必將作亂而出奔也中軍司馬晉國大夫之最貴者爲求此官似若欲使晉厚待之然令晉知其情耳諸言有如皆是誓辭稱先君以徵其言似若欲晉必從之獻子曰寡君有官將使其人擇得其人鞅何知焉獻子謂簡子曰魯人患陽虎矣孟孫知其釁以爲必適晉故強爲之請以取入焉欲令晉人聞虎當逃走故強設請託之辭因此言以入晉令晉素知之○釁許靳反爲之于僞反令力呈反疏注欲令至知之○正義曰本意不爲陽虎請官欲令晉人知陽虎終必逃走強設託請之辭因此言辭以取入晉之意欲令晉人素知陽虎之必[illegible]

古代

孫氏之司馬鬷戾言於其衆曰若之何莫對衆疑所助○鬷子公反戾力計反○又曰我家臣也不敢知國凡有季氏與無於我孰利皆曰無季氏是無叔孫氏也鬷戾曰然則救諸帥徒以往陷西北隅以入陷公圍也○陷陷没之陷隅本或作堣音同○

叔

昭廿五

鄉老　鄉大夫　州長　黨正　族師　閭胥

比長——正師胥皆長也

三公　不言三孤卿

六鄉在遠郊之內　百里內爲六鄉外爲六遂

鄉老二鄉則公一人鄉大夫每鄉卿一人州長每州中大夫一人黨正每黨下大夫一人族師每族上士一人閭胥每閭中士一人比長五家下士一人老尊稱也王置六鄉則公有三人也三公者內與王論道中參六官之事外與六鄉之教其要爲民是以屬之鄉焉州黨族閭比鄉之屬別正師胥皆長也正之言政也師之言帥也胥有才知之稱載師職曰以官田牛田賞田牧田任遠郊之地司勳職曰掌六鄉之賞地六鄉地在遠郊之內則居四同鄭司農云百里內爲六鄉外爲六遂○比毗志反徐扶二反注下同稱尺證反下同爲民于僞反帥所類反 疏 鄉老至下士一人○釋曰鄉老者謂三公案下曲禮三公於諸侯曰天子之老此鄭注云老尊稱未必是年老二鄉則公一人者在朝三公八命即典命云三公八命是也分陝而治則九命則大宗伯云九命作伯是也鄉大夫每鄉卿一人者六鄉則鄉六人各主一鄉之事然摠屬司徒非六官典兼鄉大夫知者以鄭注大司馬云軍吏選於六官六鄉之吏爲之既六官六

鄉並言故知別置州長每州中大夫一人者每鄉有五州州長以中大夫爲之亦四命黨正每黨下大夫一人者五黨爲州黨正使下大夫爲之亦四命族師每族上士一人者五族爲黨族師使上士一人爲之亦三命閭胥每閭中士一人者四閭爲族巷門爲閭胥有才智之稱閭胥使中士一人爲之亦再命比長五家下士一人者五比爲閭比長使下士一人爲之亦一命特言五家者明閭胥已上至鄉皆有家數故其職云五家爲比五比爲閭四閭爲族五族爲黨五黨爲州五州爲鄉從少至多故於比言五家爲本也○注老尊至六遂○釋曰言老尊稱也者以其天子所父事三老者同名故云老尊稱也云王置六鄉則公有三人也者於周禮不見公之人數六鄉之數周禮有其文此經云二鄉則公一人明知公有

三人案成王周官立太師太傅大保茲惟三公亦是公有三人之事云三公者內與王論道者成王周官云茲惟三公論道經邦考工記云坐而論道謂之王公鄭雖言天子諸侯公中亦含三公是其內與王論道也云中參六官之事者案書傳云天子三公一曰司徒公二曰司馬公三曰司空公彼注云周禮天子六卿與大宰司徒同職者則謂之司徒公與宗伯司馬同職者則謂之司馬公與司寇司空同職者則謂之司空公一公兼二卿舉下以爲稱是其中參六官之事云外與六鄉之教則此經是也云其要爲民所以屬之鄉爲者三公無正職是以三百六十官之中不見三公之任唯此六鄉之內而言三公故云屬之鄉爲不言三孤者以其佐公論道三公有事之所亦有三孤故不言之云州黨族閭比鄉之屬別者五者皆屬於鄉而名號有別也云正師胥皆長也者自州已下至比長五官州比自稱長矣唯有黨正族師閭胥不言長故鄭云正師胥皆長也云正之言政也者取施政教者先自正故也云師之言帥也者以其帥領百家故言帥也云胥有才智之稱者此釋閭胥以其有才智故爲中士以領一閭雖不稱長亦有長義引載師職云賞田任遠郊之地又引司勳職言掌六鄉之賞地者欲見賞地在六鄉之中同在遠郊之內云六鄉地在遠郊之內則居四同者案司馬法王城百里爲遠郊於王城四面則方二百里開方之二二如四故云居四同言此者破賈馬六鄉之地在遠郊五十里內五十里外置六遂鄭司農云百里內爲六鄉外爲六遂者司徒掌六鄉在百里內上以釋訖百里外爲六遂以其遂人掌六遂案遂人職云掌邦之野郊外曰野故知百里外爲六遂

制文

以孫

天官世婦掌弔臨于卿大夫之喪　疏以為弔

不言三夫人於此又不見

以官府之六職辨邦治一曰治職以平邦國以均萬民以節財用二曰教職以安邦國以寧萬民以懷賓客三曰禮職以和邦國以諧萬民以事鬼神四曰政職以服邦國以正萬民以聚百物五曰刑職以詰邦國以糾萬民以除盜賊六曰事職以富邦國以養萬民以生百物懷亦安也賓客來共其委積所以安之聚百物者司馬主九畿職方制其貢各以其所有○委於僞反下賜委同積子賜反

疏以官至百物○釋曰云以官府六職辨邦治者六官者各有職若天官治職地官教職其職不同邦事得有分辨故云以辨邦治也○一曰治職者謂以平爲義也云以節財用者亦以制國用故也○二曰教職以安邦國以寧萬民者安邦國與教典同彼云擾萬民此云寧萬民不同者上擾爲馴馴則寧義無異也云懷賓客者以有委積故賓客懷安也三曰禮職以和邦國以諧萬民者此與上禮典同也云以事鬼神者以其主祭祀當職之事也○四曰政職以服邦國以正萬民者上政典云平邦國均萬民不同者服由平定使之然則服亦平也均與正義亦一也云以聚百物者鄭云司馬主九畿職方制其貢貢即百物也○五曰刑職以詰邦國以糾萬民此與上刑典文同云除盜賊者有寇則罪之盜賊得除故云除盜賊也○六曰事職以富邦國以養萬民者上事典以生萬民生則養也與上同此六職不云官府百官與六典不同者以六職皆當職行事義不及遠故與六典文異也○注懷亦至所有○釋曰教典共其委積者大司徒下有遺人掌十里有廬廬有飲食之等故云共委積也云司馬主九畿并引職方者司馬直主九畿無貢物之事故引其屬職方也

○適有喪者曰比適之也曰某願比於將命者比猶比方俱給事疏正義曰前明吉禮相見此以下明凶事相見者也適往也此謂往適者喪家也比比方也喪不主相見凡往者皆是助事故云比謂比方其年力以給喪事也君五十從反哭四十持盈次皆是比方其事故鄭云比謂比方俱給事故辭云願比於將命者也○童子曰聽事曰某願聽事於將命者童子未成人不敢當相見之禮○疏正義曰童子未成人雖往適它喪不敢以成人爲比方但來聽主人以事見使故云願聽事於將命者也適公卿之喪則曰聽役於司徒喪憂戚無賓主之禮皆爲執事來也○爲于僞反下文爲君喪注雖爲並同○疏正義曰前往適喪此敵貴者喪也不敢云相比方而使但聽主人之見役輕重唯命不敢辭也不直云聽役於將命而云於司徒者司徒主國之事故國有大喪謂公卿之喪則司徒皆率其屬掌之故司徒職云大喪帥六鄉之衆庶屬其六引而治其政令鄭云衆庶所致役也又檀弓云孟獻子喪司徒旅歸四布是也隱義云公卿亦有司徒官以掌喪事也

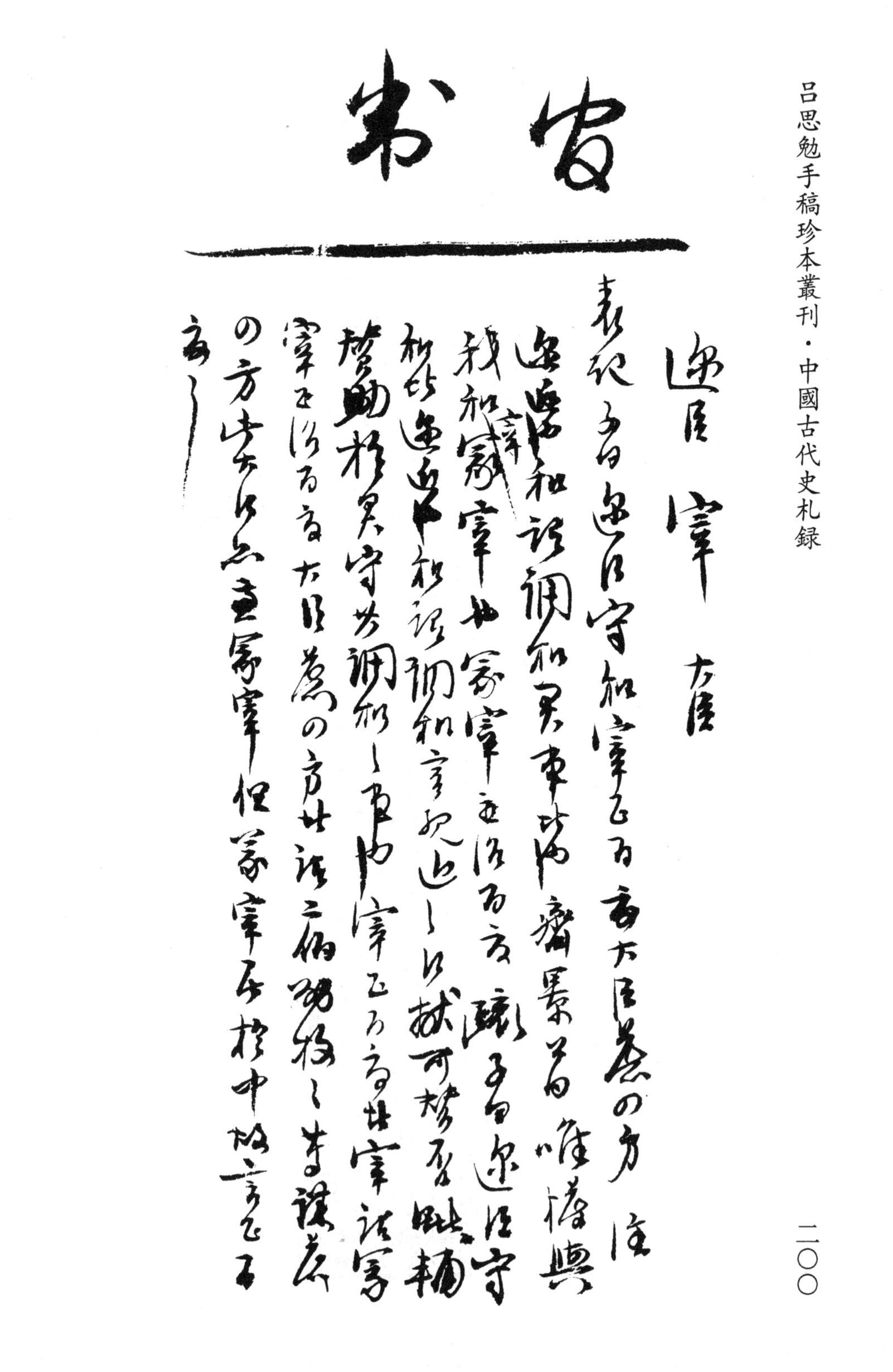

曰大臣不親百姓不寧則忠敬不足而富貴已過也大臣不治而邇臣比矣忠敬不足謂臣不忠於君君不敬其臣邇近也言近以見遠言大以見小互言之比私相親也○治心値比毗志反注同親也見賢遍反下同故大臣不可不敬也是民之表也邇臣不可不愼也是民之道也民之道言民循從也君毋以小謀大毋以遠言近毋以內圖外圖以謀也言凡謀之當各於其黨於其黨知其過審也大臣柄權於外小臣執命於內或時交爭轉相陷害○毋音無下同柄音秉兵永反爭爭鬬之爭則大臣不怨邇臣不疾而遠臣不蔽矣疾猶非也○蔽必世反葉公之顧命曰毋以小謀敗大作毋以嬖御人疾莊后毋以嬖御士疾莊士大夫卿士葉公楚縣公葉公子高也臨死遺書曰顧命小謀小臣之謀也大作大臣之所爲也嬖御人愛妾也疾亦非也莊后適夫人齊莊得禮者嬖御士愛臣也莊士亦謂士之齊莊得禮者今爲大夫卿士○葉舒涉反注同葉公楚大夫沈諸梁也字子高爲葉縣尹僭稱公也敗補邁反嬖必惠反徐甫詣反又補弟反字林萬豉反賤而得幸曰嬖云便嬖愛妾莊后側艮反齊莊也下及注同適丁歷反齊莊側皆反下同○

祭公來遂逆王后于紀祭公者何天子之三

公也 天子置三公九卿二十七大夫八十一元士凡百二十官下應十二子祭者采也天子三公氏采稱爵○祭公側介反后祭仲祭叔放此應應對之應 疏 祭公者何○解云欲言諸侯而逆王后欲言大夫而經文言公

故執不知問○注天子至采也○解云春秋說云立三台以爲三公北斗九星爲九卿二十七大夫内宿部衛之列八十一紀以爲元士凡百二十官焉下應十二子宋氏云十二次上爲星下爲山川也此言天子立百二十官者非直上紀星數亦下應十二辰故曰下應十二子也○注三公氏采稱爵者解云即祭公周公是也上大夫即例稱五十字即祭伯南季榮叔之屬是也次大夫例稱二十字即家父之屬是也下大夫繫官氏名且字即宰渠伯糾是也上士名氏通石尚是也次士以官錄即宰咺是下士略稱人公會王人于洮是也其劉子單子之屬不稱字而稱子者謂諸侯入爲天子大夫故設文非王臣之常稱若然祭公周公官爵適等而僖九年夏公會宰周公特加宰者彼傳云宰周公者何天子之爲政者也注云宰猶治也三公之職號尊名以加宰知其職大尊重當與天子參聽萬機而下爲諸侯所會惡不勝任故加宰仍非常稱也 何以不稱使 据宰周公稱使 疏 注据宰周公稱使者○解云即僖三十年天王使宰周公來聘是也而稱宰者義與九年同 婚禮不稱主人 時王者有母也 遂者何生事也 生猶造也專事之辭 大夫無遂事此其言遂何 据待君命然后卒大夫也 疏 注据待至夫也○解云成十七年十一月壬申公孫嬰齊卒于貍軫傳云非此月日也曷爲以此月日卒之待君命然後卒大夫曷爲待君命然後卒大夫前此者嬰齊走之晉公會晉侯將執公嬰齊爲公請公許之反爲大夫歸至於貍軫而卒無君命不敢卒大夫公至曰吾固許之反爲大夫然後卒之者是也 成使乎我也 以上來無事知遂成使于我○成使所吏反注及下成使同 其成使乎我奈何使我爲媒可則因用是往逆矣 婚禮成於五先納采問名納吉納徵請期然後親迎時王者遣祭公來使魯爲媒可則因用魯往迎之不復成禮疾王者不重妃匹逆天下之母若逆婢妾將謂海内何哉故譏之不言如紀者辟有外文○媒亡盃反請期音情又七井反迎魚敬反妃匹音配絶句 疏 注不言至外文○解云外相如者例所不錄言如紀即外相如故曰辟有外文也 女在其國稱女此其稱王后何王者無外其辭成矣 疏 女在其國稱女者○解云即隱二年紀履緰來逆女上三年公子翬如齊逆女之屬是也

九年春紀季姜歸于京師其辭成矣則其稱紀季姜何自我言紀父母之於子雖爲天王后猶曰吾季姜 明子尊不加於父母

八 公桓

官制

作軍

十有一年春王正月作三軍三軍者何[illegible]卿也為軍置三卿官也卿大夫爵號大同小異方據上卿道中下故摠言三卿○為軍于僞反年末同疏作三軍○解云公羊以為王官之伯宜半天子[illegible]魯為州牧但合二軍司徒司空將之而已今更益司馬之軍添滿三軍是以春秋書而譏之故曰作三軍是[illegible]注禮天子六師方伯二師諸侯一師是其一隅也何氏之意以軍與師得為通稱而臨時名耳是以或言軍或言師不[illegible]萬二千五百人為軍也○三軍者何也○解云欲言先有不應言作欲言先無軍是常役故執不知問○注為軍至官也○解云魯人前此止置司徒司空以為將下各有小卿二人輔助其政其司馬事省盡摠監而已故但有一小卿輔之今更置中軍司馬將之亦置二小卿輔助其政故曰為軍置三卿官也然則問者云三軍者何師荅之云三卿也者謂言作三軍者正是致司馬之職三卿之官為軍將也○注卿大至小異卿大夫者皆是爵號但大同小異而已若摠而言之皆曰卿大夫若別而異之乃貴者曰卿賤者曰大夫即此注者欲道一卿二大夫所以摠名三卿之意也○注方据至三卿○解云言卿與大夫析而言之其實有異而皆謂之卿者方據上卿言其中下者遂得卿稱故得通言三卿也其二小卿謂之中下者蓋二者相對有尊卑若似大司馬敘官云大司馬卿一人小司馬中大夫軍司馬下大夫然作三軍何以書欲問作多書乎作少書乎故復全舉何以問之○復扶又反疏注欲問至問之○解云欲道所以不直言何以書而舉作三軍者弟子之意欲問春秋之義書其作三軍者為是嫌其作軍大多而書乎為是嫌其大少而書乎故復全舉經文一句軍之頭數問之若直言何以書但問主書無以見其數故言此也譏何譏爾古者上卿下卿上士下士說古制司馬官數古者諸侯有司徒司空上卿各一下卿各二司馬事省上下卿各一上士相上卿下士相下卿足以為治襄公委任強臣國家內亂兵革四起軍職不共不推其原乃益司馬作中卿官踰王制故譏之言重者本以軍數置之月者重錄之○省所景反相上息亮反下同治直吏反共音恭疏注說古制○解云古者司馬一官但上卿一人下卿一人上士一人下士一人而已所以爾者以其事省不作軍將故也○注古者至為治○解云何氏之意知古者但有司徒司空典事者正以詩云乃召司空乃召司徒不見司馬故知司馬事省摠監而已然則司徒卿一人其大夫二人司空卿一人其大夫二人司馬卿一人其大夫一人所謂諸侯之制三卿五大夫矣云襄公委任強臣者謂三家季孫宿之徒是也云國家內亂者謂舉事不由君命即下十二年遂入運之屬是也云乃益司馬作中卿官踰王制故譏之者言乃益司馬謂添益其職內也作中卿官者謂於司馬內更作一卿官尊于小卿故曰作中卿官也言踰王制者謂過于先王舊制云言軍者本以軍數置之求其實置中卿而言作三軍者言本所以置此中卿官者正欲令助司馬為軍將將三軍故曰本以軍數置之云月者重錄之者此事無例不可相決但言重失禮故詳言之○夏四月四卜郊不從乃不郊成公下文不致此致者襄公但不免牲爾不怨

襄十一

王曰嗟我友邦冢君同志為友言志同滅紂御事司徒司馬司空治事三卿司徒主民司馬主兵司空主土指誓戰者疏傳治事至戰者○正義曰孔以於時已稱王而有六師亦應已置六卿今呼治事惟三卿者司徒主民治徒庶之政令司馬主兵治軍旅之誓戒司空主土治壘壁以營軍是指誓戰者故不及太宰大宗司寇也其時六卿具否不可得知但據此三卿為說耳此御事之文指三卿而說是不通於亞旅已下亞旅師氏亞次旅衆也衆大夫其位次卿師氏大夫官以兵守門者疏傳亞次至門者○正義曰亞次釋言文旅衆釋詁文此及左傳皆卿下言亞旅知是大夫其位次卿而數衆故以亞次名之謂諸是四命之大夫在軍有職事者也師氏亦大夫其官掌以兵守門所掌尤重故別言之周禮師氏中大夫使其屬帥四夷之隸各以其兵服守王之門外朝在野外則守內列鄭玄云內列蕃營之在內者也守之如守王宮千夫長百夫長師帥卒帥○帥色類反下同○疏傳師帥卒帥○正義曰周禮二千五百人為師師帥皆中大夫百人為卒卒長皆上士孔以師雖二千五百人舉全數亦得為千夫長長與帥其義同是千夫長亦可以稱師故以千夫長為師帥百夫長為卒帥王肅云師長卒長意與孔同順經文而稱長耳鄭玄以為師帥旅帥也與孔不同

夏爲天子十有餘世而殷受之殷爲天子二十餘世而周受之周爲天子三十餘世而秦受之秦爲天子二世而亡人性不甚相遠也師古曰遠音于萬反何三代之君有道之長而秦無道之暴也其故可知也古之王者太子迺生固舉以禮師古曰迺始也使士負之有司齊肅端冕師古曰齊讀曰齋見之南郊見于天也師古曰見音胡電反過闕則下過廟則趨孝子之道也故自爲赤子而教固已行矣師古曰赤子言其新生未有眉髮其色赤○劉奉世曰人生則有眉髮矣顏說謬匍匐入井又非所謂新生也嬰兒體色赤故曰赤子耳昔者成王幼在繈抱之中召公爲太保周公爲太傅太公爲太師保保其身體傅傅之德義師道之教訓師古曰保安也傅輔也道讀曰導其下亦同此三公之職也於是爲置三少皆上大夫也曰少保少傅少師是與太子宴者也師古曰宴謂安居故迺孩提有識三公三少固明孝仁禮義以道習之也師古曰孩小兒也提謂提撕之逐去邪人不使見惡行於是皆選天下之端士師古曰端正直也孝悌博聞有道術者以衛翼之師古曰悌音徒繼反使與太子居處出入故太子迺生而見正事聞正言行正道左右前後皆正人也夫習與正人居之不能毋正猶生長於齊不能不齊言也習與不正人居之不能毋不正猶生長於楚之地不能不楚言也故擇其所耆必先受業迺得嘗之師古曰耆讀曰嗜擇其所樂必先有習迺得爲之孔子曰少成若天性習貫如自然師古曰貫亦習也音工官反及太子少長知妃色師古曰妃色妃匹之色則入于學學者所學之官也師古曰官謂官舍學禮曰帝入東學上親而貴仁則親疏有序而恩相及矣帝入南學上齒而貴信則長幼有差而民不誣矣帝入西學上賢而貴德則聖智在位而功不遺矣帝入北學上貴而尊爵則貴賤有等而下不踰矣師古曰踰與踰同謂越制○宋祁曰注末當添也字帝入太學承師問道退習而考於太傅太傅罰其不則而匡其不及師古曰則法也匡正也則德智長而治道得矣此五學者既成於上則百姓黎民化輯于下矣師古曰輯與集同輯和也及太子既冠成人免於保傅之嚴則有記過之史師古曰過則記徹膳之宰師古曰有闕則諫進善之旌師古曰進善言者立於旌下誹謗之木師古曰謗惡事者書之於木敢諫之鼓師古曰欲諫者則擊鼓瞽史誦詩工誦箴諫師古曰瞽無目者也工習樂者也大夫進謀士傳民語習與智長故切而不媿師古曰每被切磋故無大過可恥媿之事化與心成故中道若性三代之禮春朝朝日秋暮夕月所以明有敬也師古曰朝日以朝夕月以暮皆迎其初出也下朝音直遙反春秋入學坐國老執醬而親餽之師古曰餽與饋同所以明有孝也行以鸞和師古曰鸞和車上鈴也解在禮樂志步中采齊師古曰采齊樂詩名也字或作薺又作茨並音才私反趨中肆夏師古曰肆夏亦樂詩名趨讀曰趨趨疾步也凡言中者謂與其節相應也並音竹仲反所以明有度也其於禽獸見其生不食其死聞其聲不食其肉故遠庖廚所以長恩且明有仁也師古曰遠音于萬反長音竹兩反夫三代之所以長久者以其輔翼太子有此具也

古官制

易叙宓羲神農黃帝作教化民應劭曰宓羲氏始作八卦神農氏爲耒耜黃帝氏作衣裳神而化之使民宜之師古曰見易下繫宓音伏字本作虙轉寫訛謬耳而傳述其官師古曰春秋左氏傳載郯子所說也以爲宓羲龍師名官應劭曰師者長也以龍紀其官長故爲龍師春官爲青龍夏官爲赤龍秋官爲白龍冬官爲黑龍中官爲黃龍張晏曰庖羲將興神龍負圖而至因以名師與官也神農火師火名應劭曰火德也故爲炎帝春官爲大火夏官爲鶉火秋官爲西火冬官爲北火中官爲中火張晏曰神農有火星之瑞因以名師與官也黃帝雲師雲名應劭曰黃帝受命有雲瑞故以雲紀事也由是而言故春官爲青雲夏官爲縉雲秋官爲白雲冬官爲黑雲中官爲黃雲張晏曰黃帝有景雲之應因以名師與官也少昊鳥師鳥名應劭曰金天氏黃帝子青陽也張晏曰少昊之立鳳鳥適至因以名官鳳鳥氏爲歷正玄鳥司分伯趙司至青鳥司開丹鳥司閉師古曰玄鳥燕也伯趙伯勞也青鳥鶬鴳也丹鳥鷩雉也自顓頊以來爲民師而命以民事應劭曰顓頊氏代少昊者也不能紀遠始以職事命官也春官爲木正夏官爲火正秋官爲金正冬官爲水正中官爲土正師古曰自此以上皆郯子之辭也有重黎句芒祝融后土蓐收玄冥之官然已上矣應劭曰少昊有四叔重爲句芒胲爲蓐收修及熙爲玄冥顓頊氏有子曰黎爲祝融共工氏有子曰句龍爲后土故有五行之官皆封爲上公祀爲貴神師古曰上謂其事久遠也胲音該書載唐虞之際命羲和四子應劭曰堯命四子分掌四時之教化也張晏曰四子謂羲仲羲叔和仲和叔也師古曰事見虞書堯典順天文授民時咨四岳以舉賢材揚側陋師古曰四嶽分主四方諸侯者十有二牧柔遠能邇應劭曰牧州牧也師古曰柔安也能善也邇近也禹作司空平水土師古曰空穴也古人穴居主穿土爲穴以居人也棄作后稷播百穀應劭曰棄臣名也后主也爲此稷官之主也師古曰播謂布種也卨作司徒敷五教應劭曰五教父義母慈兄友弟恭子孝也師古曰卨音先列反咎繇作士正五刑應劭曰士獄官之長張晏曰五刑謂墨劓剕宮大辟也師古曰咎音皐繇音弋昭反墨黥其額而涅以墨也劓截鼻也剕去臏骨也宮陰刑也大辟殺之也垂作共工利器用應劭曰垂臣名也爲共工理百工之事也師古曰共讀曰龔嗌作朕虞育草木鳥獸應劭曰嗌伯益也虞掌山澤禽獸官名也師古曰嗌古益字也虞度也主商度山川之事伯夷作秩宗典三禮應劭曰伯夷臣名也典天神地祇人鬼之禮也師古曰秩次也宗尊也主尊神之禮可以次序也夔典樂和神人應劭曰夔臣名也師古曰夔音鉅龜反龍作納言出入帝命應劭曰龍臣名也納言如今尚書管王之喉舌也師古曰自此以上皆堯典之文夏殷亡聞焉師古曰言夏殷置官事不見於書傳也禮記明堂位曰夏后氏官百殷二百蓋言其大數而無職號統屬也周官則備矣師古曰事見周書周官篇及周禮也天官冢宰地官司徒春官宗伯夏官司馬秋官司寇冬官司空是爲六卿師古曰冢宰掌邦治司徒掌邦教宗伯掌邦禮司馬掌邦政司寇掌邦禁司空掌邦土也各有徒屬職分用於百事師古曰言百者舉大數也分音扶問反太師太傅太保是爲三公應劭曰師訓也傅覆也保養也師古曰傅相也蓋參天子坐而議政無不總統故不以一職爲官名又立三少爲之副少師少傅少保是爲孤卿與六卿爲九焉記曰三公無官言有其人然後充之師古曰不必備員有德者乃處之舜之於堯伊尹於湯周公召公於周是也或說司馬主天司徒主人司空主土是爲三公四岳謂四方諸侯自周衰官失而

百職亂戰國並爭各變異

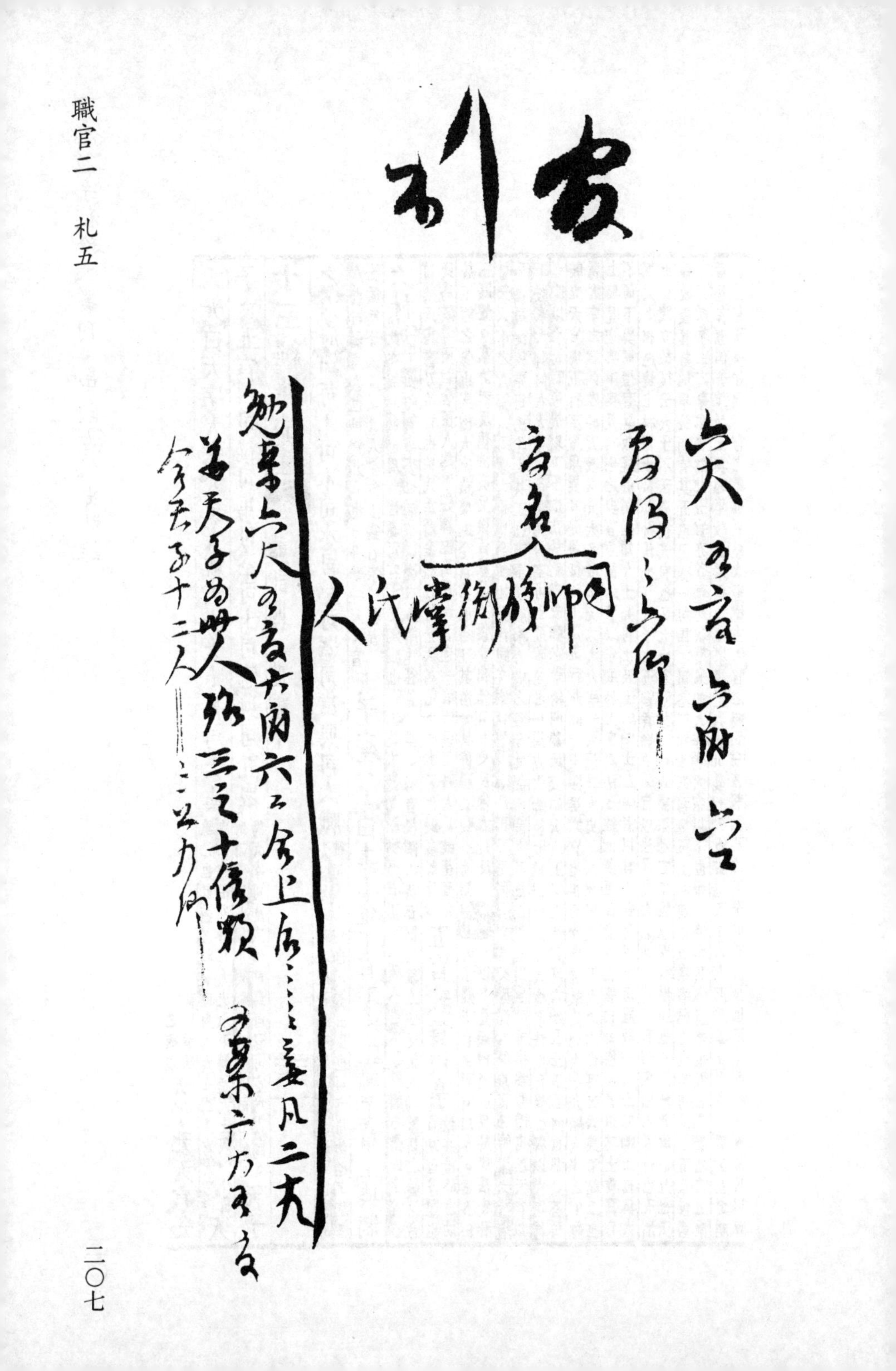

之瑑以記以成法天子建天官先

六大曰大宰大宗大史大祝大士大卜典司六典典法也此蓋殷時制也周則大宰爲天官大宗曰宗伯宗伯爲春官大史以下屬焉大士以神仕者天

子之五官曰司徒司馬司空司士司寇典司五衆衆謂羣臣也此亦殷時制也周則司士屬司馬大宰司徒宗伯司馬司寇司空爲六官。天子

十三經注疏　禮記四　曲禮下

矣

之六府曰司土司木司水司草司器司貨典司六職府主藏六物之稅者此亦殷時制也周則皆屬司徒司土土均也司木山虞也司水川衡也司草稻人也司器角人也司貨丱人也。丱華猛反又音號猛反徐故孟反丱人掌金玉錫石未成器者天子之六工曰土工金工石工木工獸工草工典制

六材此亦殷時制也周則皆屬司空土工陶旊也金工築冶鳧㮚段桃也石工玉人磬人也木工輪輿弓廬匠車梓也獸工函鮑韗韋裘也唯草工職亡蓋謂作萑葦之器。陶音桃陶人爲瓦器也旊方往反旊人爲簋簋之屬築音竹築氏爲書刀冶音也冶氏爲箭金鳧音符鳧氏爲鍾也段本又作鍛多亂反段氏爲錢鎛函音含函人爲甲鎧韗況萬反一音運一音況運反韗人爲鼓萑音丸五官致貢曰享。貢功也享獻也致其歲終之功於王謂之獻也周禮大宰歲終則令百官府各正其治受其會聽其致事而詔王廢置。享許兩反舊許亮反後皆放此不復重出治音直吏反會古外反

疏 天子建天官至致貢曰享。正義曰此以下是殷禮所明異於周法案甘誓云六事之人鄭云周禮六軍皆命卿則三代同矣案甘誓及鄭注則三王同有六卿又鄭注大傳夏書云所謂六卿者后稷司徒秩宗司馬作士共工也而不說殷家六卿之名今此記所言上非夏法下異周典鄭唯指爲殷禮也然天官以下殷家六卿何者大宰司徒司馬司空司士司寇是也但周立六卿放天地四時而設六卿所法則有異也殷以大宰爲一卿以象天時司徒以下五卿法於地事故鄭志崇精問焦氏云鄭云三王同六卿殷應六卿此云五官何也焦氏荅曰殷立天官與五行其取象異耳是司徒以下法五行并此大宰即爲六官也但大宰旣尊故先列大宰并顯大宰之下隸屬大宰之官旣法於天故同受大名故云先六大大宰一大宗二大史三大祝四大士五大卜六也典司六典者結上也上典是守典下典是典則之典言立此六官以守主於六事之法。注此蓋至仕者。正義曰知殷制者以其士與夏官不同下與周禮有異故疑殷制也知大士非司士及士師卿士之等者以其下別有司士司寇故知非士師卿士也與大祝大卜相連皆主神之士故知神仕也。天子之五官者總立六官以法天之六氣此又置五官以象地之五行也天地五行踐立故復云天子不云建從天官也又天官尊陽故一卿以攝衆地官卑陰故五卿俱陳也不云地者與前互也天尊故沒其數地卑故明言其五也司徒一司馬二司空三司士四司寇五也。典司五衆者結上也言用此上五官使各守其所掌上之羣衆也然此五官亦各有所領羣衆如大宰領大宗以下也而不條出其人者略也天言六典地言五衆者互言也但天尊故云典地卑故云衆也。注衆謂至六官正義曰知此非是天下衆人而爲羣臣也者以經云五衆明官各有所衆如周六官之屬也周禮大宰摠主六官之職司徒主教教其徒衆宗伯者伯長也宗尊也以主鬼神故以尊

爲名司馬主征伐馬是征伐所用司冠主除賊冠司空主士居民司士主公卿以下版籍爵祿之等特以司士爲名者士是官之揔首故詩云濟濟多士是也諸官皆云司而大宰宗伯不云司者司主也大宰揔主六官不偏有所司故不言司也宗伯之官不言司者以主天地鬼神之事天地鬼神既尊非人所司故不云司也○天子至六職○殷六卿外復別立此六官也府者藏物之處也既法天地立官天地應生萬物故爲萬物立府也○曰司土一也於周爲上均也均平地稅之政令也土生萬物故爲均也○司木二也於周則爲山虞也虞度也主量度山之大小所生之物○司水三也於周則爲川衡衡平也掌巡行川澤平其禁令○司草四也於周爲稻人也掌稼穜下地及除草萊○司器五也於周爲角人也掌以時徵齒角於山澤之農供爲器用也○司貨六也於周爲卝人言鑛器未成者也鑛金玉錫石之地而爲之守禁以時取之以供器物金玉曰貨故稱貨人典司六職者結上立此六官使各主其所掌職也○注府主至人也○正義曰此皆與周不同故云亦殷制也司土土均也案周禮土均上士二人司木山虞每大山中士四人中山下士六人小山下士二人不言林衡者略舉山虞耳司水於周爲川衡川衡每大川下士十有二人中川下士六人小川下士二人不言澤虞者亦略舉川衡耳司草稻人者上士二人周禮亦有草人今以司草爲稻人者二官俱主殺草鄭舉稻人欲見司草兼有二官也司器角人者下士二人司貨卝人者中士二人○天子至六材○工能也言能作器物者也前既有六府之物宜立六工以作之爲器物故爲次也亦有六者依府以用事也○曰土工金工木工石工獸工草工者此六官於周禮尊屬司空而司空職散亡漢購千金不得今唯有考工記以代之○典制六材者材謂材物結上立此六工使典制六府之材物○注土工至之器○正義曰考工記陶人爲甗實二鬴又甑實二鬴七穿旊人職云旊人爲簋旊是放法陶是陶冶互文耳但簋是祭器故取放法之名也云金工謂築氏掌爲削削書刀也冶謂煎金石者冶鑄爲之冶氏掌爲戈戟故因呼煎金爲冶鳧氏世能爲鐘以供樂器故因呼作鐘爲鳧氏也㮚氏爲量器爲豆區鬴鍾之屬也㮚氏世能爲之段氏主作錢鎛田器桃氏爲刃刃謂刀劍之屬云石工玉人磬人者玉人謂作圭璧者磬人作磬也玉及磬同出於石故謂石工也云木工輪輿弓廬匠車梓也者此七物並用木故曰木工也輪車輪也輿車牀也車難不能一人獨成各有所善故輪輿不同也弓能作弓者也廬能作戈戟柲者也匠能作宮室之屬者車謂能作大車及羊車也梓謂杯勺爲筍簴之屬也獸工函鮑韗韋裘者此物並用獸皮故曰獸工函謂能作甲鎧者鮑謂能治皮供作甲者韗者考工記韗人爲皐陶鼓木謂能以皮冒鼓者韋熟皮爲衣及韎韐者裘謂帶毛狐裘之屬者考工記韋裘二職存唯草工職亡考工無蓋謂作萑葦之器盛食之器及葦席之屬也或言氏或言人者鄭注考工記云其曰某人者以其事名官也其曰某氏者官有世功若族有世業者也予寶云凡言司者揔其領也凡言師者訓其徒也凡言職者主其業也凡言衡者平其政也凡言掌者主其事也凡言氏者世其官也凡言人者終其身也不氏不人權其材也通權其才者既云不世又不終身隨其材而權暫用也然案周禮建官列職有司會之屬是言司者也有甸師之屬是言師者也有職內之屬是言職者也有川衡之屬是言衡者也有掌舍之屬是言掌者也有師氏之屬是言師者也有庖人之屬是言人者也有宮正膳夫外饔內饔之屬皆不氏不人者也○五官致貢曰享者五官即前自后以下之五官后一天官二地官三六府四六工五貢功也享獻也歲終則此五官各考其屬一年之功以獻於天子故云致貢曰享也王后之屬致蠶織之功天官以下各獻其職之功○注貢功至廢置○正義曰引周禮證歲終百官各獻其功以禮詔告也周則冢宰至歲終受於百官之簿書所會之最而考一年之功多少以告天子也若功少則廢黜其人功多則遷置其職也今謂五官則上天子五官司徒以下故下云五官之長曰伯與此五官一也但太宰揔攝羣職揔受五官之貢故不入其數也若以五官爲后以下則下云五官之長豈有長於后乎熊氏以爲五等諸侯亦非也

州牧

材尺の主宰者

（王制）五官之長曰伯，是職——云云，方東西兩一處而

覇時の伯——分陝伯——及年文——殷三伯——周

三吏——云云

（同）尋禮記之伯父——「叔父」「父」句

常識處時日伴家人

「九州之長入天子之國曰牧——二百十國為牧——

殷曰伯，周曰牧

東夷北狄西戎南蠻雖大曰子——「九州之外長」也六要

附釋音禮記注疏卷第五

曲禮下

禮記　鄭氏注　孔穎達疏

五官之長曰伯謂爲三公者周禮九命作伯○長丁丈反後皆同是職方職主也是伯分主東西者春秋傳曰自陝以東周公主之自陝以西召公主之一相處乎內是或爲氏○陝式冉反依字當作陝何休注公羊傳云弘農陝縣是也一云當作郟古洽反謂王城郟鄏也召時照反又作邵音同相息亮反○疏五官至職方○正義曰此一節總論二伯及州牧諸侯等稱謂今各依文解之○五官之長曰伯畿外之大莫大於二伯故此先言之也五官者即司徒以下五官也云長者謂三公無職故不在五官之中則三公加一命出爲分陝二伯者也伯長也謂朝廷之長言此二伯爲內外官之長是職方者言二伯於是職主當方之事也○注職主至乎內○正義曰引公羊傳證周家二伯所主之事隱五年公羊傳云天子三公者何天子之相也則何以三自陝而東者周公主之自陝而西者召公主之一相處乎內又案三公八命者堯時爲四伯故詩崧高注云當堯時姜氏爲四伯至堯之末分置八伯故虞書傳云元祀巡守四岳八伯舜之元祀有八伯明堯末置之夏則無文殷則改置二伯與周同故王制云八州八伯又云天子之老二人曰二伯是也其擯於天子也曰天子之吏擯者辭也春秋傳曰王命委之三吏謂三公也○擯本又作儐必刃反天子同姓謂之伯父異姓謂之伯舅自稱於諸侯曰天子之老於外曰公於其國曰君稱之以父與舅親親之辭也外自其私土之外天子畿內○天子謂之伯父本或有同姓二字衍文疏其擯至之吏○正義曰此是二伯也擯謂天子接賓之人也若擯者傳辭

於天子則稱此二伯爲天子之吏也亦當言名也記者略可知也然擯呼在朝三公亦爲天子之吏若然玉藻云伯曰天子之力臣者謂介傳命稱天子力臣擯者受辭傳於天子則曰天子之吏。注擯者至公也。正義曰引證呼三公並爲

十三經注疏　禮記五　曲禮下　三七

吏之意也此左傳成二年晉使鞏朔獻齊捷于王王命委之三吏杜預注云三吏三公也於時王不見鞏朔王命委之三公接對之故云委之三吏。天子同姓謂之伯父者此三公與王同姓者王呼爲伯父伯者長大之名父乃同姓重親之稱也。異姓謂之伯舅者異族重親之名也異族無父稱故呼爲伯舅亦親之故也案晉文公爲二伯左傳僖二十八年云王曰叔父不稱伯者以州牧之禮命之故稱叔也然晉既稱叔父所以昭九年云伯父惠公歸自秦而誘以來又云我在伯父猶衣服之有冠冕晉稱伯父者以晉既稱伯父又以晉爲州牧又爲二伯若以州牧爲禮稱之則曰叔父若以二伯之禮稱之則曰伯父故晉或稱伯或稱叔也周公分陝爲二伯詩稱王曰叔父者成王以本親命之晉文侯仇爲伯尚書直云父義和不云伯者親親之也又二伯稱天子之老自敵以下曰寡人僖四年齊桓公對楚屈完稱不穀者謙也尋常諸侯皆稱寡人莊十一年宋災魯往弔之宋閔公稱孤者傳云列國有凶稱孤禮也以有凶災故降名稱孤。自稱於諸侯曰天子之老者二伯若與九州及四夷之諸侯言巳自謂天子之老係於天子言之以威遠國也。於外曰公者外者其私土采地之外也而猶在王畿之內如周公食邑於周嚮國外之人其自稱則曰公也。於其國曰君者其國采地內也若與采地內臣民言則自稱曰君其既主分陝又在王朝嫌不正爲采地君故明之也不云自稱承上可知也。注稱之至畿內。正義曰自稱爲公正在畿內耳畿外則曰天子之老也

九州之長入天子之國曰牧每一州之中天子選諸侯之賢者以爲之牧也周禮曰乃施典於邦國而建其牧。牧牧養之牧徐音目**天子同姓謂之叔父異姓謂之叔舅於外曰侯於其國曰君**牧尊於大國之君而謂之叔父辟二伯也亦以此爲尊禮或損之而益謂此類也外自其國之外九州之中曰侯者本爵也二王之後不爲牧。辟音避下同

【疏】九州至曰君。正義曰殷曰伯周曰牧此云牧據周禮也天子於每州之中選取賢侯一人加一命使主一州爲牧若入天子國則自稱曰牧牧養也言其養一州之人故周禮八命作牧是也然伯不云入天子國者伯不出故不言入州長云入曰牧出則否也崔靈恩云州長自稱也白虎通云往來牧視諸侯也。天子同姓謂之叔父異姓謂之叔舅者牧劣於二伯故天子謂之叔叔小也父舅義如前一本云天下同姓然則二伯云其擯於天子曰天子之吏此不云擯於天子是記者略之也故下云諸侯見天子鄭云爲州牧則曰天子之老臣某侯某是也。於外曰侯者外謂其所封外九州內也自稱曰侯侯是本爵不云牧自稱承前可知也。於其國曰君者若與國內臣民言猶自稱爲君也。注牧尊至爲牧。正義曰大國之君是侯使稱伯今選侯之賢者加一命爲牧則是尊貴於不牧之侯而不謂爲伯降呼爲叔父者分陝已稱伯今牧若又呼爲伯則亂於分陝若猶呼本稱則不見其異故呼爲叔亦異常也云禮或損之而益謂此類也者崔云覲禮大國之君同姓謂之伯父異姓謂之伯舅此小者同姓謂之叔父異姓謂之叔舅此各當一國不嫌敵二伯州牧雖爲侯封皆是大國之君本自稱伯牧今摠攝衆國嫌其敵義故更稱叔此是損也叔名雖損即是明其爲牧故謂之爲益故云損之而益謂此類也熊氏云三夫人致飲有醴清醫酏糟不體王故申得二飲后致飲醫酏糟以體王故屈一飲亦是損之而益之類也云二王之後不爲牧知不爲牧者以二王之後其爵稱公今此經云九州之長曰牧於外曰侯不言於

外曰公故知二王之後不爲牧牧用侯以下二王之後所以不爲牧者以其先祖皆爲天子統領海內若更遣爲牧恐有專權之心故也**其在東夷北狄西戎南蠻雖大曰子**謂九州之外長也天子亦選其諸侯之賢者以爲之子子猶牧也入天子之國曰子天子亦謂之子雖有侯伯之地本爵亦無過子是以同名曰子**疏**其在至曰子○正義曰此天子亦選其中賢者爲之牧也但不知幾國立一人耳卑不得名爲牧又不得謂爲父舅其本爵不過子男若其本爵子者今朝天子擯辭曰子若本爵是男亦謂爲子也所以爾者舉其高者言之亦尊異故也不云入天子國及不云擯者略可知也故爾雅云九夷八狄七戎六蠻謂之四海李巡注四海遠於四荒晦冥無形不可教誨故云四海也海者晦也言其晦暗無知案爾雅所列與此同但數異爾○注謂九至曰子正義曰其或有多功益土雖加侯伯之地而爵不得進終守子男以卑遠故也今雖別爲牧長而同呼爲子不得過本爵也**於內自稱曰不穀**與民言之謙稱穀善也○謙稱尺證反**於外自稱曰王老**威遠國也外亦其戎狄之中**疏**於內至王老○正義曰謂其國之外夷狄之中也以爲牧長恐夷狄難服須尊名威之故與一切言自稱曰我是天子之老臣也崔云方伯牧稱天子之老四夷之長稱曰王老方伯之職帶三公之任猶謂之內臣化同天子無有歸往之義故云天子之老四夷之君去王遠由有歸往之義

賢始得爲長故以王老爲稱也**庶方小侯入天子之國曰某人於外曰子自稱曰孤**謂戎狄子男君也男者於外亦曰男舉尊言之**疏**庶方至曰孤○正義曰庶衆也小侯謂四夷之君非爲牧者也以其賤故曰衆方也若入王國自稱曰某人若介人也六服之內但舉伯之與牧不顯其餘諸侯九州之外既舉大國之子又舉其餘小國者以六服諸侯下文別更具顯故於此略之○於外曰子者此君在其本國外四夷之中自稱依其本爵或子或男今言子是舉其尊稱耳若男亦稱男也○自稱曰孤者若自與臣民言則曰孤孤者特立無德能也凡二伯自稱及介傳命曰天子之力臣故玉藻云伯曰天子之力臣是也若擯者傳命於天子則曰天子之吏故此云擯於天子則曰天子之吏是也於諸侯及朝廷則曰天子之老則此文及昭公十三年劉獻公對晉叔向云天子之老是也九州之長及介傳命則曰某土之守臣某知者玉藻云若其擯者傳命於天子則曰天子之老臣某侯某知者約此文天子之老及下文云某侯某其餘諸侯介傳命云某土之守臣某知者亦約玉藻文也擯者傳命云某侯某知者約下文也凡九州之外大國之子介傳命某屏之守臣某故玉藻又云其在邊邑曰某屏之臣某是也擯者告天子稱某子某與中國諸侯同庶方小侯介傳命云某土之孤某知者玉藻云小國之君曰孤是也擯者告天子亦應云某孤某知者約尋常諸侯稱某某但稱孤爲異耳其二伯以下對天子皆稱名也

職官

將軍

國君既已立矣又以為唯其耳目之請不能一同其國之義是故擇其國之賢者置以為左右將軍大夫將軍謂卿也周禮夏官軍將皆命卿春秋戰國時侯國亦皆以卿為將通謂之將軍非攻中篇云晉有六將軍即六卿也管子立政篇云將軍大夫以朝水經河水鄴注引竹書紀年云邯鄲命將軍大夫適子代吏皆貂服並稱卿大夫為將軍大夫以遠至乎鄉里之長遠當為逮形近而誤後文云逮至有苗之制五刑以亂天下尚賢上篇云逮至遠鄙郊外之臣門庭庶子國中之衆四鄙之萌人聞之皆競為義與此文例正同與從事乎一同其國之義

墨子 尚同 中

職官

十一月越滅吳

昔者晉有六將軍六將軍即六卿為軍將者也春秋時通稱軍將為將軍穀梁文六年傳云晉使狐射姑為將軍是也淮南子道應訓云趙文子問于叔向曰晉六將軍其孰先亡乎又人間訓云張武為智伯謀曰晉六將軍中行文子最弱許注云六將軍韓趙魏范中行智伯也而智伯莫為強焉計其土地之博人徒之眾欲以抗諸侯以為英名攻戰之速故差論其爪牙之士皆列其舟車之眾王云皆當為比天志篇比列其舟車之卒是其證下篇皆列同按王說是也又舊本列下捝其字王据上句補今從之以攻中行氏而有之以其謀為既已足矣又攻茲范氏而大敗之茲字疑衍中行氏即荀氏范氏即士氏左傳定十三年晉逐荀寅士吉射乃知伯瑤祖文

墨子　非攻　中

三公卿

萬子大夫爲天子之卿屬者

上大夫中大夫下大夫

又原言移卿節

劄記

三百八仰二十七九九一一一

學術百劄之六（六一七）

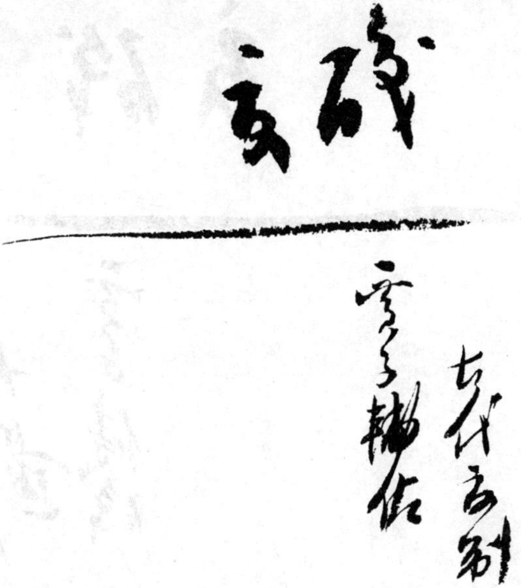

殷官

賈子傅職　保傅

太師（疵）太公（望）太保（奭）少師（彊）少傅　少保

卿

六官之卿即冢宰治家邑　此諸侯大夫之卿所謂　亞卿

而我之卿我之大夫

識州諸侯為之卿—序之正名卿　其專家卿

卿為之兩卿

施典于邦國而建其牧立其監設其參傅其伍陳其殷置其輔。乃者更申勑之以侯伯有功德者加命作州長謂之牧所謂入命作

十三經注疏　周禮二　天官冢宰　十

牧者監謂公侯伯子男各監一國書曰王啓監厥亂爲民參謂卿三人伍謂大夫五人鄭司農云殷治律輔爲民之平也

玄謂殷衆也謂衆士也王制諸侯上士二十七人其中士下士各居其上之三分輔府史庶人在官者○參七南反千云

三公也傅戚音附徐方慕反監古銜反爲于僞反平音許

疏 乃施至其輔○釋曰上以言六典治邦國更言施典于邦國故鄭云乃者更申勑之所施者典則建其牧也下是也建立也每一州之中立一牧立其監者每一國之中立一

諸侯使各監一國設其參者謂諸侯之國各立三卿傅其伍者謂三卿下各立五大夫陳其殷者三卿下各陳士九人三

九二十七置其輔者謂三卿下各設府史胥徒○注乃者至官者○釋曰鄭云以侯伯有功德者加命作州長謂之牧者

案下曲禮云州牧於外曰侯即是先取侯有功德者爲牧若無賢侯伯亦得故連言侯伯有功德者云加命作州長者以

其侯伯七命州牧八命故云加命作州長云所謂入命作牧者案大宗伯職云七命賜國八命作牧是也若殷之牧下天

子使大夫三人爲三監至周使伯佐牧不使大夫故詩旄丘序云旄丘責衛伯也鄭云衛康叔之封爵稱侯今曰伯者時

爲州伯也周之法使伯佐牧即僖公四年五侯九伯五侯是州牧九伯是牧下之伯云監謂公侯伯子男各監一國引書

曰王啓監厥亂爲民者此是尚書梓材之篇周公封康叔而勑之證監是諸侯之義也云參謂卿三人者案左氏傳杜泄

云吾子爲司徒夫子爲司馬孟氏爲司空則諸侯三卿司徒司馬司空也云伍謂大夫五人者謂司徒下二大夫一大夫

爲司徒大夫一大夫爲大宰大夫司空下二大夫一大夫主司空事一大夫爲司寇大夫司馬事省闕一大夫故五人鄭

司農云殷治律輔爲民之平也者謂置官主法律輔爲人之平者謂置輔是平斷此先鄭蓋是後代之法故後鄭[illegible]

玄謂般衆也謂衆士者士稱般與旅司。並是衆義故鄭玄。謂衆士也又引王制諸侯上士已下者按彼注大國之士爲上
次國之士爲中小國之士爲下言數各居其上之三分者此謂盟會立位之序大國之士爲上北面前行上九中九下九
次國之士爲後行上士當大國之中士中士當大國之下士下士當其空小國之上士當大國之下士中士當次國之下
士下士當其空故云數各居其上之三分引之爲破司農般爲治律云輔府史庶人在官者破司農輔爲民之平若然建
立陳置其義可知其伍言傳者謂大夫上有卿下有士受上政傳於下受下政傳於上故獨云傳

乃施則于都鄙而建其長立其兩設其伍陳其殷置其輔長謂公卿大夫王子弟食采邑者兩謂兩卿不言三卿者不足於諸侯鄭司農云兩謂兩丞

疏乃施至其輔。釋曰上已言八則治都鄙更令施則於都鄙故言乃亦是更申勑之義建其長謂公卿王子弟爲采邑之
主以是一邑之長故言建其長立其兩者謂每采地之中立其兩卿設其伍陳其殷置其輔義與上邦國同。注長謂至
兩丞。釋曰云長謂公卿大夫者案典命云三公八命其卿六命其大夫四命案大宗伯云六命賜官彼注王之六命之卿
賜官者使得自置其臣治家邑如諸侯則此云長唯據公卿已上大夫四命不合立官此鄭云長謂公卿大夫并言大夫
者以其大夫雖立官不與公卿同亦得稱長是廣解長義其實大夫不合有兩卿五大夫當與諸侯之卿同官事當相兼
也云王子弟食采邑者謂親王子弟食邑與三公同在五百里畺地各百里其次疏者在四百里縣地各五十里與六卿
同已上二者得立兩卿五大夫之等其次更疏者在三百里稍地各食二十五里與大夫同不得立兩卿五大夫亦職相
兼也云兩謂兩卿不言三卿者不足於諸侯者以畿外諸侯南面爲尊故得申而立三卿天子三公六卿雖尊以其在天
子之下故屈而立兩卿不足於諸侯鄭司農云兩謂兩丞者以其兩卿丞副其長先鄭以後代之官況之故云兩丞也此
中唯有都鄙無家邑之名故都鄙中含有公卿大夫春官都宗人家宗人都家並有故公卿入都宗人中大夫則入家宗
人中以其公卿雖有大都小都之別而同名都故大夫不得都名直有宗稱故在家宗人也至於夏官都司馬家司馬又
與家宗人都宗人異故鄭注都司馬唯云三公與王子弟其卿又入家司馬中以其司馬辨尊卑六卿卑又自使其臣爲
司馬若叔孫氏之臣名䮲戾王家不爲之立司馬故卿入中若然都鄙之內其號有三若得諸侯之號唯三公王子弟故
司裘諸侯熊侯豹侯卿大夫麋侯是卿不入諸侯也若立臣如諸侯卽此文卿與公同若稱長可及大夫亦此注含大夫是也

乃施灋于官府而建其正立其貳設其攷陳其殷置其輔正謂冢宰司徒宗伯司馬司寇司空也貳謂小宰小司徒小宗伯小司馬小司寇小司空也考成也佐成事者謂宰夫鄉師肆師軍司馬士師也司空亡未聞其考

疏乃施至其輔。釋曰案上官府在都鄙上此文在都鄙下者欲見都鄙置臣與諸侯同又見諸侯下亦有都鄙之義故進都鄙在上使文承邦
國之下也已上言八法治官府今更言施法于官府言乃者亦是更申勑之也而建其正正長也亦是一官之長若大宰
之等云立其貳者謂小卿副貳大卿卿小宰之等設其考者考成也佐成事者宰夫之等也餘事義與前同。注正謂至
其考。釋曰宰夫已下並是五官之長云司空亡未聞其考者案鄉師云及葬執纛以與匠師御匶注云匠師事官之屬
其於司空若鄉師之於司徒若然鄉師是司徒之考則匠師亦司空之考
而此云未聞者彼文以義約之司空考匠師也無正文故此云未聞也

官吏類

尹氏爲周大師

節彼南山維石巖巖 興也節高峻貌巖巖積石貌箋云興者喻三公之位人所尊嚴。巖如字本或作嚴音同 赫赫師尹民具爾瞻憂心如惔 赫赫顯盛貌師大師周之三公也尹尹氏爲大師具俱瞻視惔燔也箋云此言尹氏女居三公之位天下之民俱視女之所爲皆憂心如火灼爛之矣又畏女之威不敢相戲而言語疾其貪暴脅下以刑辟也。 不敢戲談

○傳師大師。正義曰尚書周官云太師太傅太保茲惟三公故知太師周之三公也下云尹氏太師是尹氏爲太師也孝經注以爲冢宰之屬者以此刺其專恣是三公用事者明兼冢宰以統羣職。箋此言至刑辟。正義曰此民具爾瞻一句上與維石巖巖相對爲興又與憂心如惔爲發端由瞻見其惡所以憂心故知視汝之所爲皆憂心也如惔之字說文作炎訓爲小熱也灼炙燒也爛火熟也皆火燒之事故云如火灼爛之矣不敢者畏辭既憂復畏故言又畏汝之威不敢相戲而譏謗也疾其貪暴脅下以刑辟者言其有二事也疾其貪暴所以憂心脅下以刑辟故不敢戲談所以不敢者畏其威耳故知不敢謂是脅下以刑辟之罪也不敢戲爲刑罪明所憂者刑罰之威貪暴可知。箋天下至察之。正義曰國者諸侯之辭卒斬盡滅之稱故云天下諸侯日相侵伐其國已盡絕滅矣汝何用爲職者責之言汝爲三公更何所主唯諸侯耳何以不監察之而令相伐也如是則尹氏又爲王官之伯分主東西得專征伐專殺故言何用爲職也雨無正云斬伐四國箋云天下諸侯於是更相侵伐謂厲王時也沔水箋云諸侯出兵妄相侵伐謂宣王時也則諸侯征伐久矣而論語注以爲平王東遷諸侯始專征伐者幽厲雖殘虐無道尚能治諸侯但明不燭下致使擅相伐滅故詩人舉以爲刺猶於平王微弱不能禁制諸侯專行征伐無所顧忌故論語之注以征伐自諸侯出從平王爲始也言卒斬者甚言之耳若實盡滅則誰滅之乎

尹氏大師

維周之氐秉國之均四方是維天子是毗俾民不迷 氐本均平毗厚也箋云氐當作桎鎋之桎毗輔也言尹氏作大師之官爲周之桎鎋持國政之平維制四方上輔天子下教化天下使民無迷惑之憂言任至重。氐丁禮反徐云鄭音都履反毗婢尸反王作埤埤厚也卑本又作裨同必爾反後皆放此桎之實反又丁履反礙也本有作手旁至者誤也鎋字又作轄胡瞎反 不弔昊天不宜空我師 弔至空窮也箋云至猶善也不善乎昊天愬之也不宜使此人居尊官困窮我之衆民也。弔如字又丁歷反下同昊胡老反空苦貢反注同愬蘇路反本亦作訴下同

疏 尹氏至我師。毛以爲見天災及民故歸咎執政責之云尹氏汝今爲太師之官維是周之根本之臣秉持國之平居權衡之任四方之事是汝之所維制天子之身是汝之所崇厚言汝職維持四方尊崇天子其尊重如此施行教化當使下民無迷惑之憂何爲專行虛政以脅下也尹氏政既不善訴之於天言尹氏爲政實不善乎昊天不宜使此人居位以窮困我天下之衆民○鄭唯氐爲桎鎋毗爲輔爲異餘同。○傳氐本至毗厚。○正義曰毛讀從邸若四圭爲邸故爲本言是根本之臣也以毗爲毗益故爲厚亦由輔弼使之厚義與鄭同但言輔天子於辭爲便故易之。○箋氐當至之桎。○正義曰孝經鉤命訣云孝道者萬世之桎鎋謚文云桎車鎋也則桎是鎋之別名耳以鎋能制車喻大臣能制國故以大師之官爲周之桎鎋也易傳者以天子爲周之本謂臣爲本則於義不允故易之

傳乃古經還之季人
家臣亦有司徒司馬

○孟獻子之喪，獻子魯大夫仲孫蔑司徒旅歸四布。旅下士也司徒使下士歸四方之賻布夫子曰可也。時人皆貪善其能廉○讀賵，曾子曰：非古也，是再告也。曾子言非禮也而讀賵賓致命將行主人之吏又讀賵所以存錄之疏孟獻至可也○正義曰此一節論喪不貪利之事孟獻子之喪送終既具賻布有餘其家臣司徒敬子稟承主人之意使旅下士歸還四方賻主人之泉布也謂四方賻者泉布本助喪用今既有餘故歸還之也時人皆貪獻子之家獨能如此故夫子曰可也善其能廉皇氏以爲獻子有餘布歸之於君君令國之司徒歸賻於四方案春秋魯上卿季氏也仲孫蔑之卒季氏無譏曰敬子者皇氏之言非也熊氏以爲獻子家臣爲司徒故左傳叔孫氏之司馬鬷戾是家臣亦有司徒司馬也

十三經注疏　禮記八　檀弓上　十六

梗杞也似梓枏葉似桑豫章大木也生七年乃可知也說文木部梗為山枌榆與楩枏異木宋無長木此猶錦繡之與短褐也臣以三事之攻宋也畢云戰國策云臣以王吏之攻宋王吏蓋三叓之誤說文云叓古文事尸子作王使太平御覽作王之攻宋顧云國策王吏與此文三事皆有誤疑當云三吏臣以王之事攻宋也詒讓案三事疑當作三吏逸周書大匡篇云王乃召冢卿三老三吏孔晁注云三吏三卿也左傳成三年晉侯使鞏朔獻齊捷于周王使委于三吏杜注云三吏三公也神仙傳作臣聞大王更議攻宋則似是王吏之譌為與此同類臣見大王之必傷義而不得畢云已上十一字舊俱脫太平御覽有或當在此顧云此十一字[illegible]無王曰善哉雖然公輸盤為我為雲梯必取宋畢云太平御覽引有云宋王曰公輸

職官

師所左丞......守......头沢因实吾家......左......

為叙浴者合

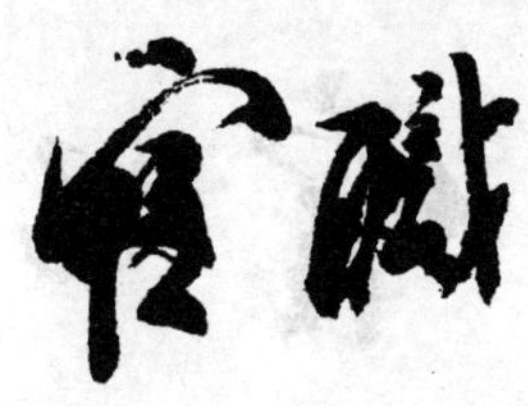

職官

十位十等

大所之日以特牛　皞氏天有十日

亞卿

時天子之亞卿也

碊收

卿位在四
自上以下隆殺以兩
左襄廿六
少師　卿
又廿七以為少師
司馬掌會同之事
又司馬置折俎

官職

左卿士

左隱 宋公不王鄭伯為王左卿士以王命討之

尊士旅食于西鏄之南北面兩圜壺旅衆也士衆食未得正祿謂庶人在官者圜壺變於方也

賤無玄酒疏尊士至圜壺○注旅衆至玄酒○釋曰前設縣時鏄南更有一建鼓今設尊不應在鼓北而云鏄南者其實在鼓南門西北面與燕禮同而云鏄南者逐纖鏄而言必纖鏄者樂以縣爲主故也又尊于大侯之乏東北兩壺獻酒爲隸僕人巾車獲者皆有祭者也。獻讀爲沙沙酒濁特沸之必摩沙者也兩壺皆沙酒郊特牲曰汁獻涗于醆酒服不之尊侯時而陳於南統於侯皆東面疏又尊至獻

十三經注疏　儀禮十六　大射　圭

酒○注爲隸至東面○釋曰知爲隸僕人巾車幓侯豻侯之獲者以其此人皆有功又下文以此尊獻之故知也知沙酒濁者以五齊從下向上差之醍沈清於盎醴盎又在五齊之上故知沙酒濁也云特沸之必摩沙者也者此解名沙酒之意云郊特牲曰汁獻涗于醆酒者此以五齊中取醆酒盎齊沸鬱鬯之事獻沙也沸鬱鬯之時和盎齊以手摩沙出其香汁涗清也沸之使清也此爲隸僕以下卑賤之人而獻鬱鬯者此所得獻皆因祭侯謂侯之神故用鬱鬯也云服不之尊侯時而陳於南統於侯皆東面知此不爲大侯服不設者案下文云服不之尊東面南上故鄭云侯時而陳於南統於侯皆東面也設洗于阼階東南罍水在東篚在洗西南陳設膳篚在其北西面或言南陳或言西面異其文也疏設洗至西面○注或言至文也○釋曰云異其文也者洗篚言南陳亦西面膳篚言西面亦南陳其實所從言異尊君故也又設洗于獲者之尊西北水在洗北篚在南東陳亦統於侯也無爵因服不也有篚爲獻虛爵也服不之洗亦侯時而陳於其南疏又設至東陳○注亦統至其南○釋曰云亦統於侯也者前設尊兩獻酒亦云服不之尊侯時而陳於南統於侯今此設篚在南後設服不之洗在南亦統於侯小臣設公席于阼階上西鄉司宮設賓席

于戶西南面有加席卿席賓東東上小卿賓西東上大夫繼而東上若有東面者則北上席工于西階之東東上諸公阼階西北面東上唯賓及公席布之也其餘樹之於位後耳小卿命於其君者也席於賓西射禮辨貴賤也諸公大國有孤卿一人與君論道亦不典職如公矣疏小臣至東上。注唯賓至公矣。釋曰知賓及公席布之其餘樹之於位後者下文更有孤卿大夫席文故知也此賓未布而言布之者欲辨尊卑故先言也孤尊而後言之者言若是有無不定故後言也云小卿命於其君者也者按王制云大國三卿皆命於天子次國三卿二卿命於天子一卿命於其君小國亦三卿一卿命於天子二卿命於其君者言小卿據次國已下有之云射禮辨貴賤也者決燕禮大小卿皆在尊東西無小卿位彼主於燕不辨貴賤故也云與君論道亦不典職如公矣者成王周官云立大師大傅大保茲惟三公論道經邦燮理陰陽是三公論道無職此大國立孤一人論道與公同亦無職故云不典職如公也縱鄭不見周官於周禮三公亦無職考工記云或坐而論道亦通及三公矣官饌百官各饌其所當共之物疏官饌。釋曰燕禮宰饌此不言宰而言官者欲見非獨宰故鄭云百官各饌羹定亨肉孰也射義曰諸侯之射也必先行燕禮燕禮牲用狗射人告具于公公升即位于席西鄉小臣師納諸公卿大夫諸公卿大夫皆入門右北面東上士西方東面北上大史在干侯之東北北面東上士旅食者在士南北面東上小臣師從者在東堂下南面西上大史在干侯東北士旅食者在士南爲有侯入庭深也小臣師正之佐也正相君出入君之大命疏射人至西上。注大史至大命。釋曰自此盡少進論羣臣立位之事云大史在干侯東北士旅食者在士南爲有侯入庭深也者決燕禮士旅食者立于門西東上此不繼門而在士南繼士者爲有侯故入庭深也云小臣師正之佐也者下有小臣正正長也故以師爲佐云正相君出入君之大命者小臣正小臣中尊如天子大僕故引大僕職解之也公降立于阼階之東南南鄉小臣師詔揖諸公卿大夫諸公卿大夫西面北上揖大夫大夫皆少進詔告也變爾言揖亦以其入庭深也上言大夫誤衍耳疏注詔告至衍耳。釋曰燕禮言爾以其近門去君遠而言爾爾近也移也揖之使移近此入庭深故不言爾而言揖揖之而已不須移近之也云上言大夫誤衍者以其大夫與公卿面有異故下別言大夫少進明上有大夫誤衍大夫大夫四字也大射正擯大射正射人之長疏大射正擯。注大射正射人之長。釋曰自此盡門外北面論請立賓之事大射正對射人爲長若小臣正對小臣師亦爲長擯者請賓公曰命某爲賓某大夫名擯者命賓賓少進禮辭命賓者東面南顧辭辭以不敢反命以賓之辭告於君又命

古制

司馬　太宰

左稽之　驗之　古為司馬　猜為大宰

制度

大宰

羽父請殺桓公將以求大宰大宰官名○大音泰注同【疏】注大宰官名○正義曰周禮天子六卿天官爲大宰諸侯則并六爲三而兼職焉昭四年傳稱季孫爲司徒叔孫爲司馬孟孫爲司空則魯之三卿無大宰也羽父名見於經已是卿矣而復求大宰蓋欲令魯特置此官以榮已耳以後更無大宰知魯竟不立之 公曰爲其少故也吾將授之矣授桓位○爲于僞反少詩照反 使營菟裘吾將老焉菟裘魯邑在泰山梁父縣南不欲復居魯朝故別營外邑○菟兔都反裘音求父音甫復扶又反下同 羽父懼反譖公于桓公而請弒之

左隱十一

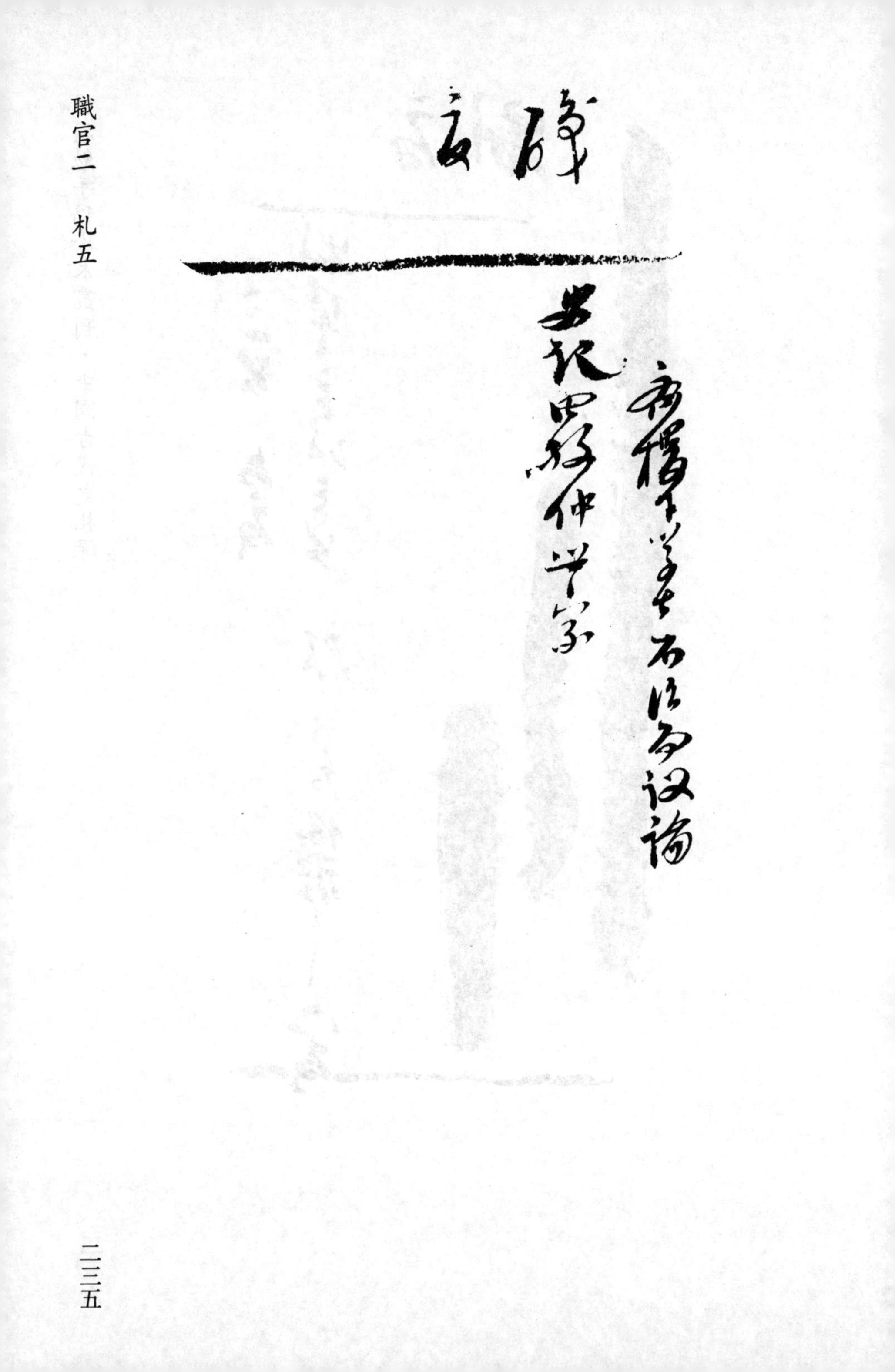

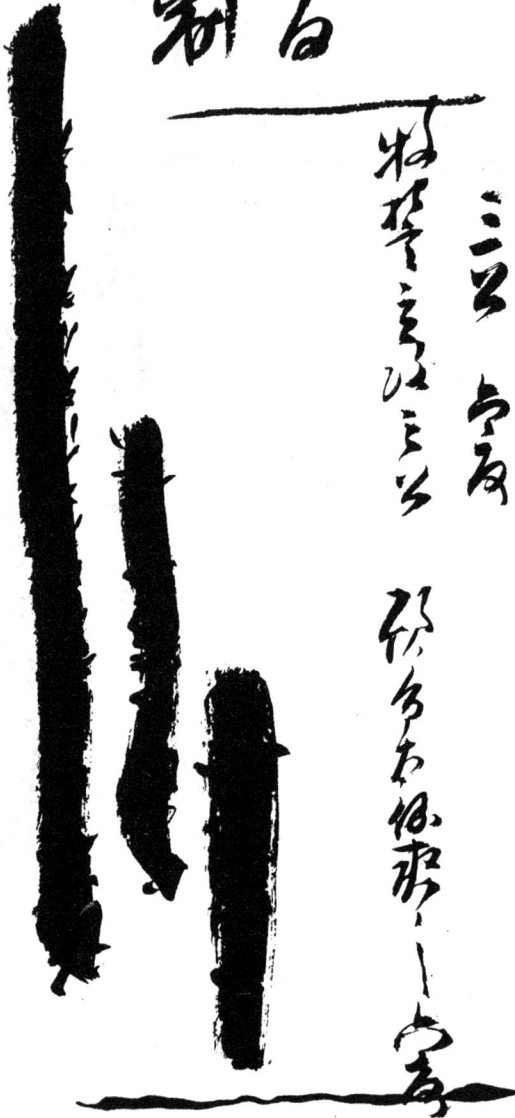

旨

上行

讀古

開時

[illegible]列傳以後歷史開時

[illegible]時

史記卷七十三

白起王翦列傳第十三

白起者郿人也【正義】郿音眉岐州縣善用兵事秦昭王昭王十三年而白起爲左庶長將而擊韓之新城【索隱】在河南也【正義】今洛州伊闕是歲穰侯相秦舉任鄙以爲漢中守其明年白起爲左更攻韓魏於伊闕【正義】今洛城南十九里伊闕山號曰龍門是也斬首二十四萬又虜其將公孫喜拔五城起遷爲國尉【正義】言太尉涉河取韓安邑以東到乾河【集解】徐廣曰音干駰案郭璞曰今河東聞喜縣東北有乾河口因名乾河里但有故溝處無復水也【索隱】魏以安邑入秦然安邑以東至

耜廣五寸二耜爲耦一耦之伐廣尺深尺謂之甽六甽而爲一畝甽音古犬反字或作畎其音同耳惓惓忠謹之意惓讀與拳同音其專反禮記曰得一善則拳拳服膺弗失之矣○宋祁曰正文句末據文幾不合有也字況重以骨肉之親師古曰重音直用反又加以舊恩未報乎欲竭愚誠又恐越職然惟二恩未報師古曰惟思也忠臣之義一杼愚意退就農畝死無所恨師古曰杼謂引而泄之也音食汝反臣聞舜命九官師古曰尚書禹作司空棄后稷契司徒咎繇作士垂共工益朕虞伯夷秩宗夔典樂龍納言凡九官也濟濟相讓和之至也衆賢和於朝則萬物和

三公三少古所無。古微、六微、子荀發微

任官任職。史記魯仲連列傳好奇偉俶儻之畫策。而不肯仕宦

任職

卿即鄉。古文中從豆或皿即饗字　殷商貞卜文字考第十七

家臣之大夫　旁已存稿主下大夫　大夫の無書殺大夫

上大夫在卿之外　同上三　下大夫

世子卑於三公　旁已存稿三公　第傳及注稿

執政義同為政非官名　同上五古　傳執政解

秋官都則非官名說　旁已撰　稿三

庶子　同上周官　庶子義

毛傳說騶虞之繆 詩騶虞騶已數稿上

晨門當作晨人 十三經詁 眷問の

司城樂司子條 同上五同司

執技不識若卿說 實事求是齋經義二

鶡韠顧以少子稱冕弁之數乃諸函鄉非諸函衛士同上 士庶子 非公卿之子

雜事

諸子庶子 御庶子 士庶子之異 同上

僕之衛射當周之官已見稽勳當周之官伯 同上

大夫家臣亦有司官名昭の傳以當君子以軍非之 同上

凡古之史曰臣古語曰師 同上

修改

詞太麟為太録乃庫秘之末有制詔十八南由條

家居之有司徒司馬藥播藥播從司徒藏協の布

地方家庭兩特體

最初印白出形式

職官

六卿相見於謝學｜左文十二

勉齋某以學問大似不請主閫都

政門之安是謂不安　昭廿九

職

掌本官政令

同官士師掌官中之政令　注大司寇之官府中也　疏士師府施政令推在當官……

勉案士師与大司寇別職同官

稗發

攝盛

一祭祀去多。方夫同者攝盛葬奠令等

文錄方去月 特牲饋食禮疏 卷四十

一字 L 五長史萬淺紙云云下

職官

官師 庶士

祭法注「官師中士下士 庶士府史之屬」

王制士一廟注「謂諸侯之中士下士名曰官師者上士二廟」

職

請食請月奉

見天官官正

野司寇

左昭十八鄭火「明日使野司寇各保其徵」注野司寇縣士也正義周禮司寇屬官有縣士掌野知野司寇是縣士也

宰治邑吏也

論語子路為季氏宰注

右襄七南遺為費宰注費季氏邑

著 傳次

見左昭十二 則固有著矣

牧田官

邶風自牧●歸荑　毛傳　牧田官也

仕於公曰臣仕於家曰僕

禮運文

好賜

「王所善而賜也」周官天官饔人注　疏「王所愛好則賜之」

大夫稱人

左文十五卞人以告　成二新築人仲叔于奚救孫桓

襄十郰人紇　昭八周甘人疏　昭廿舊楊傳城

父人執己以歸疏服虔云城父人城父大夫也

論語八佾孰謂鄹人之子知禮乎疏同

禮記鄉飲酒義注鄉人鄉大夫也

大夫稱主

左襄廿六梗陽巫　十九范宣子　廿一家稱子耶　稱范宣子

昭曲沃人　昭趙孟　文子　昭元醫和

二宣子　定八林楚　定十[illegible]子　哀廿趙孟

稱簡子　范文　謂知伯

而先主　助主

周官以九兩繫邦國之名　六曰主以利得民　鄭司農云主謂公

卿大夫世〻食采不絕

周官府史

大例府少史多，府在史上。唯御史有二十人，在府上。角人、羽人皆有府無史。腊人、食醫等府史俱無。天府一官特多者史。天官冢宰疏

勉案：司諫無府。

師儒

周官以九兩繫邦國之■名注兩猶耦也所以協耦萬民繫聯綴之　三曰師以賢

得民四曰儒以道■得民

干賑

行夜官　見石叢書

晉有散位從卿

右文十二秦獲寧也獲一卿矣拙注

天子錫命其詳未聞 諸侯或即位而見錫或歷年乃加錫或已薨而追錫

杜氏釋例 左莊元王使榮叔疏引

陳楚之名司寇為司敗

左文十臣歸死於司敗也注

論語述而

陳司敗問昭公孔注同

官位

注謂以禮去位

罪人以其罪降 古之制

御遇從大夫之位 降位一等

如子產請見

左昭七

漢書晁錯傳　臣又聞古之制邊縣以備敵也
使五家為伍伍有長十長一里里有假士四里一
連連有假五百　十連一邑邑有假候

國政

左閭之大帥師考行諜督軍旅勇之國政之所

國也注國政正卿

職官

騶虞

詩經通論云毛義不及三家

止の乃

大守之名戰國已有

觀堂集林卷十五 頁廿四

僕射乃合僕人射人爲一官　楚連尹莫敖合爲
連敖
韓非子集解十過篇行僻條

勒

淮南子汜論 夫法令者網其姦邪勒率隨其蹤跡注 勒主問也率大任也

又齊人有盜金者當市繁之時至掇而走勒問其故注 勒主問吏

「鄉先生，鄉大夫致仕者也。君子有大德行不仕者。」

鄉射禮注。疏云：鄉大夫致仕也者，此即鄉飲酒注云先生謂老人教學者。云君子者，亦有大德行不仕者，大德行者以德言有德而不仕者，此即居士錯常言為一處士

執秩

左僖廿七作執秩以正其官注執秩主爵秩之官

爵秩祿

荀子強國士大夫益爵官人益秩庶人益祿

勉案擅于仕而專己祿者王制任官職者

祿之

功曹相國

論衡遭虎 夫魯無功曹之官功曹之官相國是也

丁憂

禮運：三年之喪，與新有昏者，期不使。

曾子問：子夏問曰：三年之喪卒哭，金革之事無辟也者，禮與？初有司與？孔子曰：夏后氏三年之喪，既殯而致事，殷人既葬而致事。注：致事，還其職位於君。周卒哭而致事。記曰：君子不奪人之親，亦不可奪親也，此之謂乎？子夏曰：金革之事無辟也者，非與？孔子曰：吾聞諸

老聃曰黄帝書曰得龠民安之之也今以三年之之

喪復其利於多物知也

古祿皆月別給之

周官以八則治都鄙四曰祿位以馭其士注祿若今月俸也疏古者祿皆月別給之漢之月俸亦月給之故云若今月俸也

府史胥徒

周官冢宰治官之屬大宰卿一人小宰中大夫二人宰夫下大夫四人上士八人中士十有六人旅下士三十有二人

注自太宰至旅下士轉相副貳皆王臣也疏言王臣者自士以上得王簡策命之則爲王臣也府下經府史胥徒不得王命官長自辟除者非王臣也

又府六人史十有二人 注府治藏史掌書者凡府史皆其官長所自辟除

又胥十有二人徒百有廿人注此民給徭役者若今衛士矣

胥讀如諝謂其有才知爲什長

勉

宰夫八職五曰府掌官契以治藏六曰史掌官書以贊治七曰胥掌官敘以治敘八曰徒掌官令

以徵令注治藏藏文書及器物贊治若今起文書草也

治敘次敘官中如今侍曹伍伯傳吏朝也徵令趨走給召

呼

節

玉藻凡君召以三節二節以走一節以趨 注節所以明信輔君命也使〻召臣急則持二緩則持一周禮曰鎮圭以徵守其餘未聞也今漢使者擁節

勅一在天字藏於盟府

右傳旨　又豪了十一夫貴國國典中藏在盟府

第九百

論語雍也原思爲之宰與之粟九百集解孔曰

九百九百斗

宗伯

宗尊也伯長也　見周官標題下疏

職官

襄卅一子產通居守和寧正百有大臣慮四方

「[illegible]

舊書刑罰志

……[illegible]（[illegible]）[illegible]大足三年[illegible]天

下[illegible]

[illegible]

[illegible]

「[illegible]二百[illegible]

[illegible]

[illegible]天下[illegible]

[illegible]

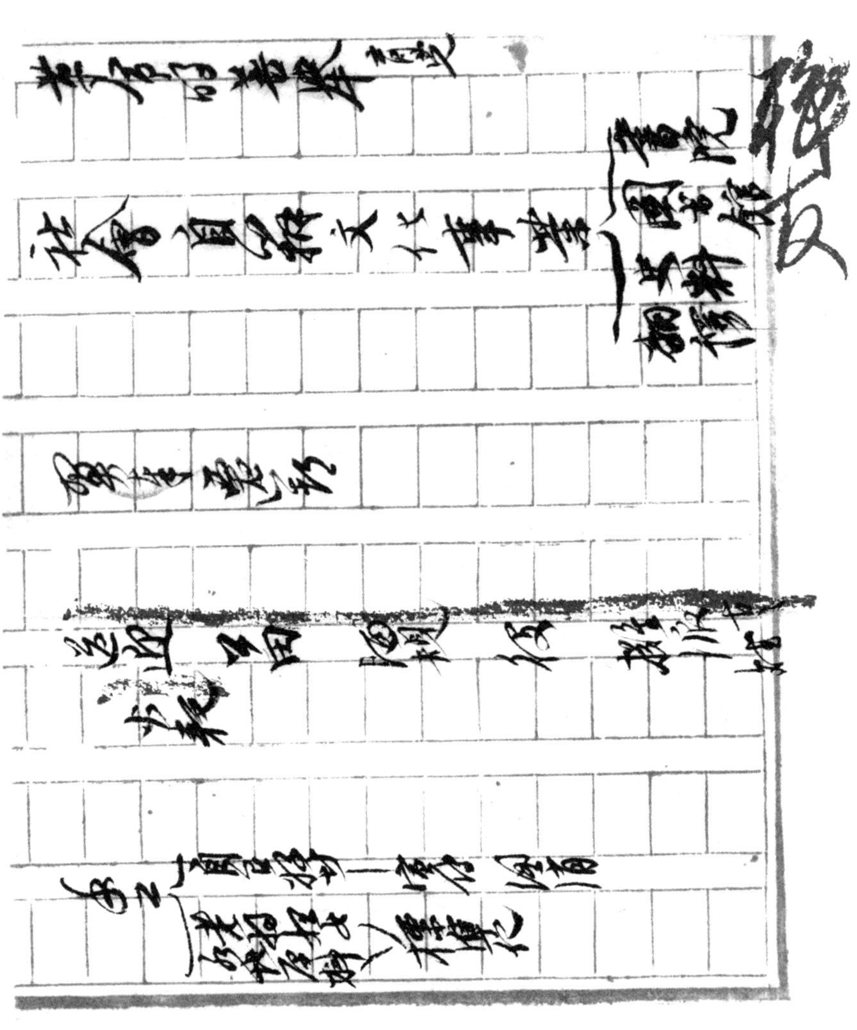

市舶使和由州郡兼領宋之豐由轉運使提舉後專置提舉之唐宋时
代中西通
商史6

職官

之會，訪問郡國計吏。見晉書庾傳(四二頁)

晉書武帝紀泰始三年六月。罷驍騎護將軍。以其所署兵光祿勳。(三五頁)

(三五頁) 九月。甲申。詔曰：……其議增吏俸。(三五頁) [illegible] 四年。二月。罷中軍

將軍。置北軍中候官。(三七頁) 四月。罷振威揚威護軍官。置左右

積弩將軍。(三七頁) 六月。甲申。詔曰：郡國守相。三載一巡行屬縣。

……(三九頁) 十二月。班五條詔書於郡國。一曰正身。二曰勤百姓。

三曰撫孤寡。四曰敦本息末。五曰去人事。(四〇頁) 咸寧元年以秦

[illegible]

又簡文帝紀咸安二年二月乙卯。詔曰：往事故之後。百度未充。

僚常俸並皆寡約。蓋隨時之義也。……今資儲漸豐。可籌量增

傳。（卷九二下）

晉書孝武帝紀大元六年三月壬戌。詔以年穀不登。百姓多匱。其

詔御所供。事從儉約。九親供給。眾官廩俸。權可減半。（卷九下）

晉書武帝泰始四年。使周以君下。○凡晉有損益。（卷廿四上）

又裴秀傳魏咸熙初。釐革憲司。時荀勖定禮儀。賈充正法律。而秀

改官制焉。（卷卅五上）初秀以尚書三十六曹統事准例不明。宜

使諸卿任職。未及奏而薨。（同上）

又安平獻王孚傳初魏文帝置度支尚書。專掌軍國支計。（卷卅七上）

又荀勖傳時又議省州郡縣半吏以赴農功。勖議以為省吏不如

省官。省官不如省事。省事不如清心。……稽古創制。當選其人四

出。減天下吏員。正始中亦并合郡縣。……蓋謂省吏。私謂九寺可并於尚書。蘭臺宜省付三府。然施行歷代。世之所習。是以久抱愚懷。而不敢言。……若直作大例。皆[illegible]減其半。恐文武衆官郡國職業。及事之興廢。不得皆同。……」卅九止

晉書鄭袤傳：子默。朝廷以太子官屬宜稱陪臣。默上言：「皇太子體皇極之尊。無私於天下。宮臣皆受命天朝。不得同之藩國。」事遂施行。」（四四）止

又劉頌傳：頌上疏：「古者六卿分職。冢宰為師。秦漢已來。九列執事。丞相都總。今尚書制斷。諸卿奉成。於古制為重。事所不須。然今未能省并。可出衆事付外寺。使得專之。尚書為其都統。若丞相

之爲。唯主生殺。殺死生之對。除名流徙，遐足大辟。及遣使安人
事。其乃奏案。其餘則告請事計……。歲終。甚閑。課功稽留而已。此
爲九卿皆創事始。錄而行之。尚書之重，因審刑能了。其勢爲重
考成自非而已。於今款掌其動，實成於上。……之明史。不得隱以
爲私。歲終事功不違，不知所責也。（可與參）
晉書傅玄傳……上疏……謂有疾病，滿百日不差，宜令去職，優
其禮秩而寵存之。既差而後更用。（可參之）子咸上言曰……舊
都督有四。今并監軍。乃盈於十。夏禹敷土。分爲九州。今之刺史。
幾向一倍。戶口比漢。十分之一。而置郡縣更多。空校牙門。無益
宿衛。而虛立軍府。動有百數。五等諸侯。復坐置官屬。諸所寵給。

諸生相與語。一夫不蒙。有學者即令之不蒙，不可得請……以

為首令之意。先為皆首事。靜東漢後。上下同心。惟營是務也。何

七姓

令舉賢識孫傳舉那孫了禮。以補內史。職係呂中固……

……不非一族。如首者不同……中國遂困。惟因是陰。外掌政權。後

為節目。競向蘭紅。遂成風俗。此等固可至弟了。首由和通塞季

所傳首。……者須跟隨。……（56）威以……中者以來。先史刻

說。本郡傳遷。史卒庸於邊地。（55）

中原目韓其第自內外如中國者同內不傳韓者于外不傳國傳

之許兄者以傳同七 [illegible]

全以每年及十月積 [illegible] 以每年 [illegible] 以千不不續 [illegible] 和 [illegible] 劉八

十諸首同意。蔣濟傳（卷十四）
更革游臨，鄧颺加饒首敦董。見高堂隆傳（卷廿五）
晉書王廙傳：弟子彪之上議曰：六卿之任，太常望禮而職重，然其
所司，職高務約，宗正所統蓋尠，可以兼太常。宿衛之重，二衛任
之。其次驍騎、左軍各有所領，無兵軍校皆應罷廢。四軍皆罷，則
左軍之名不宜獨立，宜改游擊以對驍騎。內官自侍中以下，虛
員皆省。中興之初，二人而已，三人常員，我看[illegible]方闕。今宜三
人。校事則多務也。凡諸散官，無綜事實者，可令大臣隨才位所
帖而領之。若未能省廢，自可因缺而省之。（卷七六）
又虞預傳：預上記陳時政所失曰：……自頃長吏，輕多去來，送故

大守縣令兩書傳

迎討。又錯道路。要迎時擾，俎船馬之不容。又爲其償，悟吏卒之之

常如。常當損費。語之無窮，雜費煩役簡。呼爲暗僞。役相移致。歲而

不及。强有常防。其當有繳。加以主者遠來，所在停滯，送迎經年。

永失播殖。一夫不耕，十夫無食。況轉百數，所妨不貲。且非宜勒

屬縣。若令尉先去有船。人人船又借。借賃倍利。到者依法減省，使

公私允當。又令總錄多端。勤諸會制。雖有糾察，輒乏捕叛，計令

直舉三十餘人。人人船又借。借當出辦。爲不堪命。宜便減損，嚴爲

之防。擇善之。即請施行。以上

晉書徐邈傳：豫章太守范甯。欲遣十五議曹下屬城，采求風政。並

吏假還，訊問官長得失。邈與甯書曰。……非徒不足致益，乃是

蠹魚之所資，而不可謂之史而具耳目也。豈有喜人之良子，而不料：古事之所旨皆共知。……自古已來，記者左右耳目也。然亦小人皆見因小思而成其大，亦思。先人精而信而成其大，大不信——！前時信屬官，今乃舊務與左右言，可謂達之郡。（[illegible]一上）

晉書劉曜載記：曜臨敗，會以此范帝之事，獨擁其書，謂見曜勤語之。（一〇三上）

晉書杜預傳：泰始中，受詔為黜陟之課。預奏：委任達官，各考所統。（卅四上）

簡文三子傳：于時軍旅薦興，國用虛竭，自司徒已下，日廩七升。而元顯聚斂不已，富過帝室。（六十四上）

宋書武帝紀永初元年八月，詔舊郡縣以北為名者悉除，寄立於南者，聽以南為號。（三上）

又，罷青州并兗州。（三上）

閏月，又詔曰：諸處冬使，或遣或不。事役宜省，可悉停。唯元正大慶，不在其例。郡縣遣冬使詣州及都督府，亦停之。（三上）

又，二年三月乙丑，初限荊州府置將不得過二千人，吏不得過一萬人；州置將不得過五百人，吏不得過五千人。兵士不在此限。（三上）

一册史

又，文帝紀元嘉三年五月詔曰：……可遣大使，巡行四方。其宰守稱職之良，閭閻一介之善，詳悉列奏。勿或有遺。若刑獄不卹，政治亦謬。傷民害教甚此。其以事聞。并高年鰥寡。勿拘六條。不能自存者。可與所部僚屬撫綏。博採輿誦。廣納嘉謀。務盡銜命之旨。俾若朕親覽。（同上）

八年八月丁未，割豫州秦郡屬南兗州。（同上）

又冬十二月。罷湘州還并荊州。（同上）

又九年六月，割青州置冀州。（同上）

又癸未。詔曰。益梁交廣。境域遐遠。治宜物情。或多偏擁。可更遣大使。巡求民瘼。（同上）

又置積射彊弩將軍官。（同上）

又宋書帝紀元嘉二十年五月庚辰。詔曰。——可分遣大使巡省

方伯。兵迹

宋明帝紀：泰始元年十二月壬午。詔曰。……可分遣方使。……公

还

又長沙景王道憐傳：元嘉……七年。……時淮西江北長吏。悉敍

勞人武夫。多無政術。蕭惠開傳：……蕭惠開道（至一題）攝子

嘗帝自孝武以來。常居內殿。引官書于禁中直晝。以省官一人管

司詮選。任在兩省。因謂之兩省郎。宋孝至齊 之傳（翠迹）

舊臣語假制 上同

宋書孔覬傳：先是散騎常侍。選望甚重。與侍中不異。其後職任閑

散。用人漸輕。孝建三年。世祖欲重其選。詔曰。……宜簡授時望。

恩倖傳……世祖不欲威權在下。其後分吏部尚書置二人。以輕其任。侍中蔡興宗謂人曰。選曹要重。常侍閑淺。改之以名而不以實。雖主意欲為輕重。人心豈可變邪。既而常侍之選復卑。選部之貴不異。（同上）　蔡興宗為之人有以為為尤見訶

蔡傳（同上）

「時郡縣田祿。芒種為斷。此前去者。則一年秩祿皆入前人。此後去者。則一年秩祿皆入後人。始以元嘉末改此科。計月分祿。長吏者或有代人未至。以芒種前一日解印綬。宋書良吏阮長之傳（九二）

宋書良吏傳史臣曰」……漢世戶口殷盛。刑務簡闊。郡縣治民。無

所稱樓船歌室邸閣之事多矣。然尺一詔為赤樓那惡獐字，豈其一行耳。
① 首賦隆及晚代陸侃製字，亦民部苟放稱夸稱字尚，主稱要風聚。

子司係「凡所」。

魏晉以來，部鄉遷校分劉儉，宋書士作。

典載①字多荼義譯抬面史，加案諸州內論事典義第，首錄所
論之事必之謹載日月，又云某官某歲以幼少堂子司樓後以附。
① 本書點末完初政為士任第事多少堂子司樓後以附。

右紀也。願典載所以遂示。
材書明聚其任乃荏苦年。
集則人因佛作制史兵曲所。

手書多此亦可知泌時樓使今也年寧案……所稱疑脈可造田錄。
速廣業等協治時樓使今也年寧案……所稱疑脈可造田錄。

（三21）

又三月癸亥，詔曰：宣徽所掌，風教陰陽，列宰府都，備其兵部，處置詳

遣之，以杉涸也……權民之襟，不一以山谷為限，其有耕積者，掌

存於鑾輿，扈蹕獻替，隨時代遷。（三21下）

至后魏明帝紀：建武之年十一月甲申，詔曰：昔宰相傳衛，不足代

執，陸傳士恒苦，亦為勞費，自今悉罷。（六21上）

又己丑，詔求賢選，表選才宜廣擇，可悉罷之。（六21上）

又永明中，御史中丞沈淵表百官年登七十，皆令致仕，並窮困私

門。庾杲之曰：昔者百官並宜以自陳，其所行者，擇以衛律，宜

本於儉節，榮祿至矜，與齊貴者，當有矜恤，自得獨第及，冊一途永

明七年以前錄籍之緣。(五四上)

又三年正月己巳。詔曰：昭守宰之圖之制。(五五頁上)

言：諸宗之材，更依宗氏以來，州郡供儲及供給，各隨土所出，無有定準。稱出數目……得諸郡縣長尉，俸祿之制，雖有定科，而其餘資給，復由風俗，東西異源，而兩岸各緒，習以為常，因而弗變。緩之則莫非通規，澄之則靡不入罪……宜使所在各條公用，公田秩石，迎送舊典之外，守宰相承，有何供調，尚未精加洗覈，務令優衷，事在可通，隨宜開許，損公侵民，一皆止却，明立定格，頒下四方，永為恆制。俾之。(卅二頁上)

俸祿。○俸之與祿，兼行之，其所云尤多，補闕傳亮書之下

□傳：「楷字□才，先親侍倫（四三下）書何戢
御史中丞，多結怨（三〇上）南書沈沖
又卅七劉悛傳：「出為——，武陵內史。……悛強濟有世調，善於流俗。
寄生田僅在山中。年老而餘歲。南雍王鄧為荊州，僅出謁。至
是又出謁悛。所□□，表為郡。教賞郡遷去。吏民送者數千人。悛
人之楓手。係以佛信。而楷式一。贈送甚厚。」（卅七上）
又卷十七竟陵文宣王子良傳：「宋世元嘉中，皆責成郡縣，孝武
徵求急遽，以郡縣遲緩，始遣臺使，自此公役勞擾。太祖踐阼，子
良陳之云云（四千上）。參看□□□傳（卅八下）
「劉暄初為寶玄江夏王郢州行事，執事過刻。有人獻馬，寶玄欲看之。

瞻曰。吾聞周舊。如常直臘。帳下諸暗之日。且已直鴻。不煩憶此。

賢言書曰。皆陳無酒陽之據。瞻聞之。亦不悅。又書江祏傳

又書王秀之傳。出爲晉平太守。至郡期年。謂人曰。此郡豐壤。珍阜日至

常足。吾山資已足。豈可久留。以妨賢路。上表請代。時人謂王晉

平恐富求歸。此何亦依南史……案豐壤稱僚常之善陋殊也

永明……郡縣居職。以三周爲小滿。又書良政傳序全三注

又書良吏傳史臣曰。……魏晉爲吏。稍與漢乖。苛猛之風雖衰。而

仁愛之情亦減。局以峻法。限以常條。以必世之仁。未及宣理。而

期月之望。已求治術。先公後私。在己未易。割民奉國。於物非難。

期之救世。所利苟免。且目見可欲。嗜好方流。貪以敗官。取與違

蔡。文之不減。罔非由此。」（宋三紀）

侍中中書舍人通之事給通事郎侍郎隊給之權重于書令史亦稱要害書言

倖臣傳序（宋九四 南史七七）中書已來萬機碎密不關外司（四四）七七 南史

梁書武帝紀天監元年下詔曰。「……百官俸祿。本有定數。前代

以來。皆多評准。頃者因循。未遑改革。自今已後。可長給見錢。依

時即出。勿令逋緩。」（三紀）

又鄧元起傳為益州刺史。」以母老乞歸供養。詔許焉。徵為右衛將

軍。以西昌侯蕭淵藻代之。……元起頗營還裝。糧儲器械。略無

遺者。淵藻入城。甚怨望。因表其逗留不憂軍事。收付州獄。於獄

自縊。」（梁十）南史說與此異（南史五五）

梁書韋叡傳，外兄杜幼文為梁州刺史，要叡俱行。梁土富饒，往者多以賄敗。叡時雖幼，獨用廉聞。（十二）

又出為……雍州刺史。……叡於故舊，無所遺惜。士大夫年七十以上，多與假板縣令。鄉里甚懷之。（十二）

又江淹傳，少帝初，以本官兼御史中丞。時明帝作相，因謂淹曰：……今日南司，足以震肅百僚。（十四）奏收前益州刺史劉悛、梁州刺史陰智伯，並贓貨巨萬。……臨海太守沈昭略，永嘉太守庾曇隆，及諸郡二千石，並大縣官長，多被劾治。可見是時郡縣貪汙之甚。

南司又見陸杲傳（廿六）

又蕭景傳，天監七年，遷右驍騎將軍，兼領軍將軍。領軍管天下兵

宋會要大六年……[illegible]

要。造局長像。檮多賸。偉寡在職。收功。其雷留之。刺局造官近傳。

斷不恃令。以是不得久留中。冊四〇〇　五　舊史

罷於襄鄧使……還……於是秦二州刺史。修閬創屯田……倉

廩具食。有良吏遺風。民吏懷之。乃利章餉給千餘石。還復官曰。好

事不應爾。多又不可遂。納其給二石而已。冊八〇

又陸亨使事諸便。事之贊如。於宗精大忠協。在新安。守大嘉宗信三　刺史

千石量還其家。既至。盡還耗米。事聞其故。答曰。崔鳳耗也。章笑而

言曰。此非崔鳳。竟不獲聞。冊三〇

又江革傳……除……會稽郡丞。行府州事……民皆　郡清而老之

之。惟遺帛所受。進故衛蕭詳敕革並不納。惟乘臺所給一舸。冊

六朝

梁書賀琛傳高祖時琛陳事條奏曰。……今北邊稽服，戈甲解息，政是生聚教訓之時。而天下戶口減落，誠當今之急務。雖是處彫流，而關外彌甚。郡不堪州之控總，縣不堪郡之裒削，更相呼擾，莫得治其政術。惟以應赴徵斂爲事。百姓不堪其命，各事流移，或依於大姓，或聚於屯封。蓋不獲已而竄亡，非樂之也。國家於關外，賦稅蓋微，乃至年常租課，動致逋積，而民失安居，寧非牧守之過。（冊錄）

又蕭淪傳出爲南徐州中從事。近畿重鎮，吏數千人，前後居之者皆致巨富。淪爲之，清身率職，饋遺一無所受，妻子不免饑寒。（冊）

一卅 六卅 姜史

東宮官屬。通為清選。洗馬掌文翰。尤其清者。近世用人。皆取甲族

有才望。（四九卅）梁書庾於陵傳

梁書良吏傳范述曾。明帝即位。除——出為永嘉太守。……郡

送故舊錢二十餘萬。述曾一無所受。始之郡。不將家屬。及還。吏

無荷擔者。（五三卅）

又孫謙為巴東建平二郡太守。宋明帝時。俸秩出吏民也。悉原除之。宜

三卅　齊初為……錢唐令。——及去官。百姓以謙在職不受

餉遺。追載縑帛以送之。謙卻不受。（五三卅）

又伏暅徵為東陽太守。……民賦稅不登者。輒以太守田米助之。

頗多麻布。家人乃至寒以為經。（同三下）

陳書高祖紀永定三年閏四月甲午。詔依前代置西省學士。兼以伎術者預焉。（二下）

駙馬儀比。凡尚公主。必拜駙馬都尉。魏晉以來。因為瞻準。陳書袁樞傳（十七）

七[illegible]史 延[illegible]

驍騎之職。舊領營兵。兼統宿衛。自梁代已來。其任逾重。出則羽儀清道。入則與二衛通直。臨軒則升殿俠侍。陳書章昭達傳（十一）

陳書孔奐傳永定二年。除晉陵太守。……曲阿富人殷綺。見奐居處素儉。乃餉衣一襲。氈被一具。奐曰。太守身居美祿。何為不能辦此。但民有未周。不容獨享溫飽耳。勞卿厚意。幸勿為煩。（廿一）

陳書文學傳庾持，大喜初。遷尚書左丞。以預長城之功。封崇德縣
子。邑三百戶。持臨縣之日。請令史為受其餉遺。世祖怒之。因坐
免。（州の迹）
又褚玠……除……山陰令。……玠在任歲餘。守祿俸而已。去官
之日。不能自致。因留縣境。種蔬菜以自給。（州之迹）
此亦此此饋遺迎送之所由多歟
梁書康絢傳華山藍田人也。絢世祖穆。宋永初中。穆舉鄉族三千餘家
入襄陽之峴南。宋為置華山郡藍田縣。寄居於襄陽。以穆為秦
梁二州刺史。未拜卒。絢世父元隆。父元撫。並為流人所推。相繼
為華山太守。絢……。……除……華山太守。……永元之季。

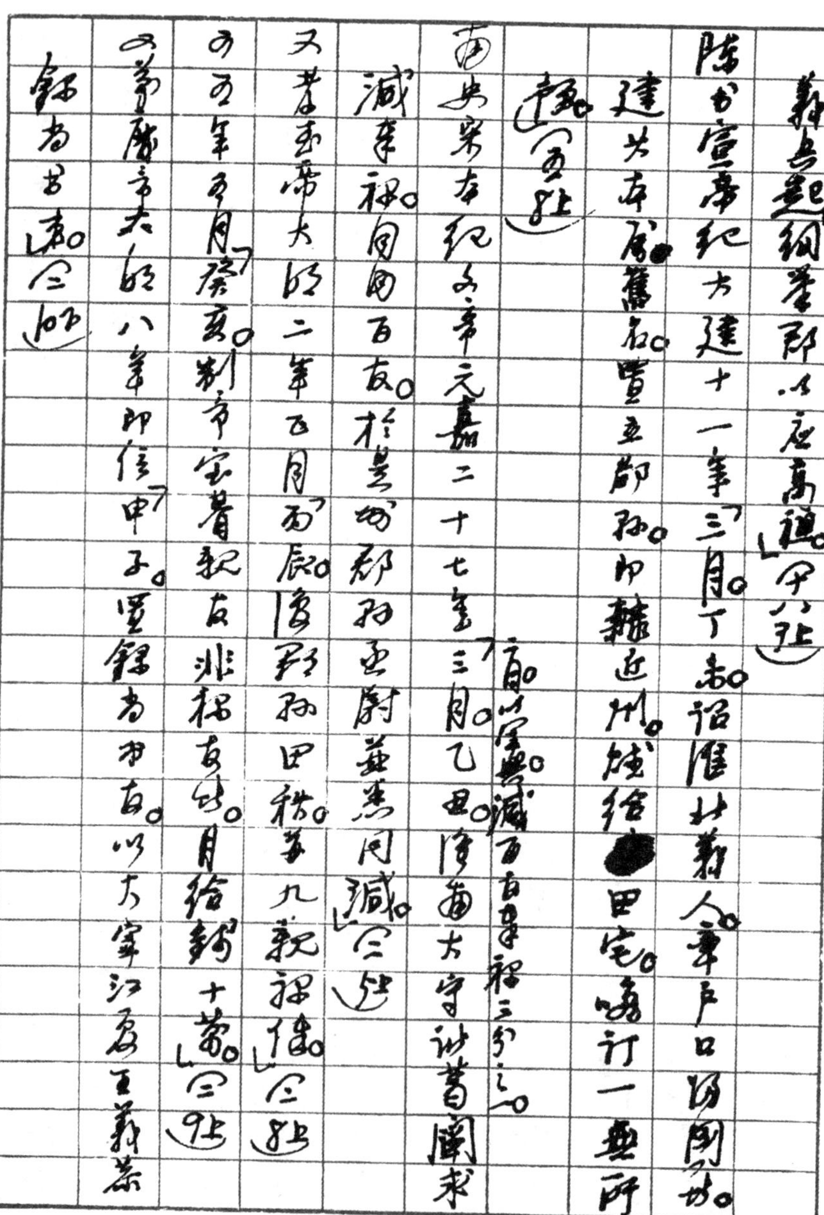

蘇與起纲麾郎以應高穗。(四八上)

陳書宣帝紀太建十一年三月丁未，詔淮北義人，率戶口歸國者，建其本屬舊名，置立郡縣，即隸近州，賦給田宅，喚訂一無所録。(五八上)

南史宋本紀文帝元嘉二十七年三月乙丑，淮南太守諸葛闡求前。以軍興減百官奉祿三分之一。減俸祿，同內百官，於是諸州郡縣丞尉並悉同減。(三二上)

又孝武帝大明二年正月丙辰，復郡縣田秩，并九親祿俸。(八上)

又五年五月癸亥，制帝室期親官非祿官者，月給錢十萬。(九上)

又前廢帝大明八年即位，甲子，置錄尚書，以太宰江夏王義恭錄尚書事。(一〇下)

又景和元年六月乙丑。減郡所給田秩之半。(仝上)　宋紀作中植　(宋書七上)
南史梁本紀武帝天監七年二月乙丑。增置鎮衛將軍以下爲十
品。以法日數。凡二十四班。以法氣序。不登品別有八班。以象
八風。又置施外國將軍二十四班。合一百九號。(仝上)
又宋宗室及諸王傳。衡陽文王義季爲荊州刺史。先是都督。府
參佐諮議隨刺史共其□當之。荊楚以西義熙。(十三上)
又朱脩之傳。孝武□……以爲荊州刺史。……凡所贈貺。一無所
受。唯以蠻人宜存撫納。有餉皆受。得輒與佐吏賭之。未嘗入
己。去鎮之日。秋毫不犯。計在州以來然油及私牛馬食官穀草。
以私錢六十萬償之。(十六上)

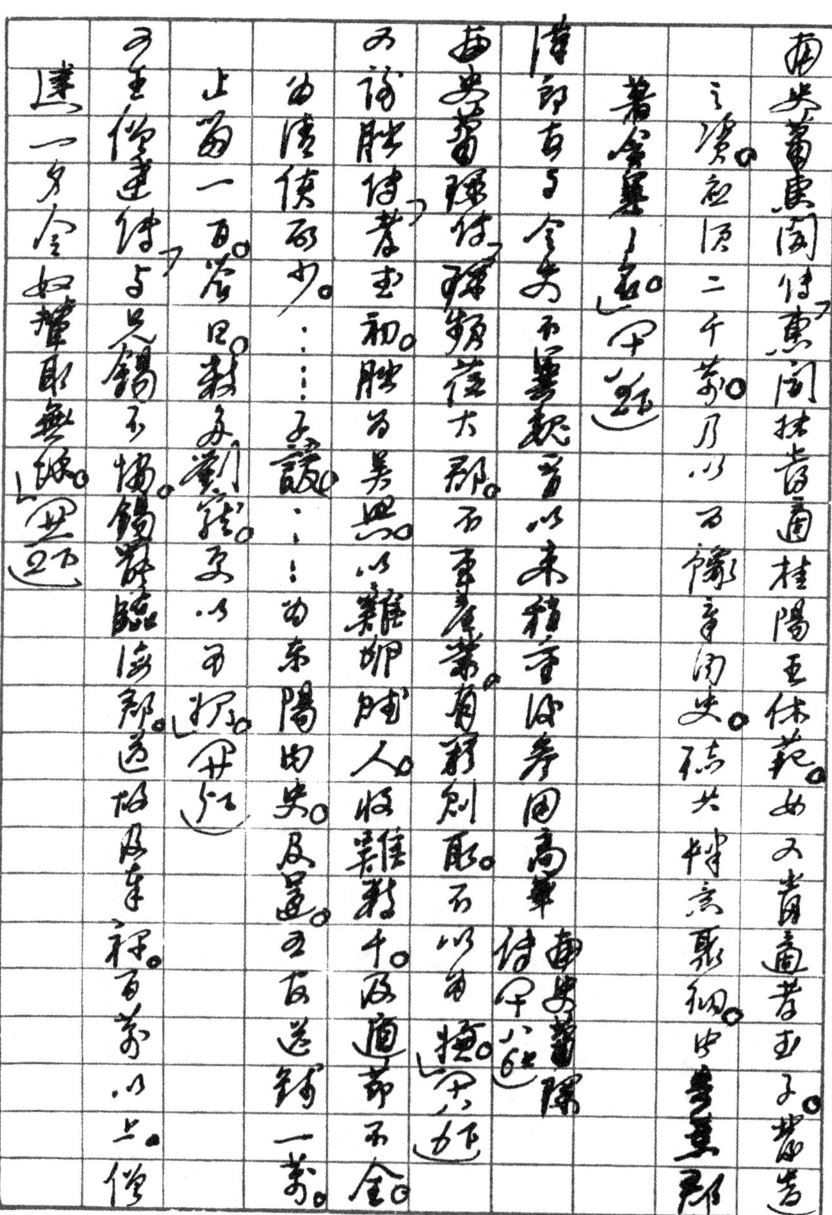

南史蕭惠開傳：惠開妹當適桂陽王休範，女又當適孝武子，發遣之資，應須二千萬。乃以為豫章內史，聽其肆意聚納。

着金匱一遺（甲廿二）

謝朓傳：有子今爲不羈，當以來稽首，以身同高華。

南史蕭琛傳：琛頻莅大郡，不事產業，有闕則取，不以爲嫌。（甲八六）

又謝朏傳：朏書初，朏爲吳興，以雞卵賦人，收雞數千。及遁節不全。

南史[illegible]傳：[illegible]……又讓……爲東陽內史，及還至家，送錢一萬。

上答一百。答曰：猶子劉[illegible]云以爲狎。（甲卅[illegible]）

王僧達傳：子晃錫不協，錫離臨海郡，還格及年租百萬以上。僧達一夕令奴輦取無餘。（甲卅二）

以女爲史，列將軍以女人爲直閤侍（卅三上）。南史王華云顧琛傳（卅五上）
南史王延之傳：出江州，禄俸外一無所納。（卅四下）
又子綸之爲安陸王記室參軍……署職居此僚者，遂以不掌文
記爲高，自綸之始也。（卅四下）
南史王悅之傳：宋明帝泰始中……掌檢校御府太官太醫諸署。
時承奢侈之後，蠹竊自私。悅之按檢，多所遏絶，日益巨萬。於是
衆署共咒詛。悅之病者，僅見兩鳥亦人撫之。及卒，上乃將與掌
故中録人檢括之，遂除隱蠹，令復人步(?)訖。稱之中流。（卅五上）
南史檀閔傳：晉安帝即位，以爲東陽刺史。時有士食賞，閔郡州署。
贓財巨萬。督書來革常理。刺史二千石。羅任遣敷，無所依附案。

乃以藉尉取之。要令籠畫乃止圖畫至面畫。而著玄冕拜謖攤面

濱官人。既帝初以為之司而刺史……出而登府圖王斗

儻凸對千寰道破杮傾西濱之事時市拜其夫。民圖王玐。

詔廷尉自為先詔狱百當圖桓其爰道濱琭坒被遣民寧事

玄字數刊稽財賾淚話之陵付人誣陷鯁刺去。

乃使定僧宋元徵中興此硏宗攤雞州畫寰覓鯁三千萬為槽

自翰人剙言。一從寰原異此者建廟年。

西兊孔諸傅字事業各與宋書蝤百修海方宗紐住僔何群即堂。

硏乾蓋二十加宇玄帝擢为少。凡剙辟之傅乃頖奥剙。

謳南主寰圖蝥三恕咨咨有材垧重夬祛惜之儕鯁丛玐

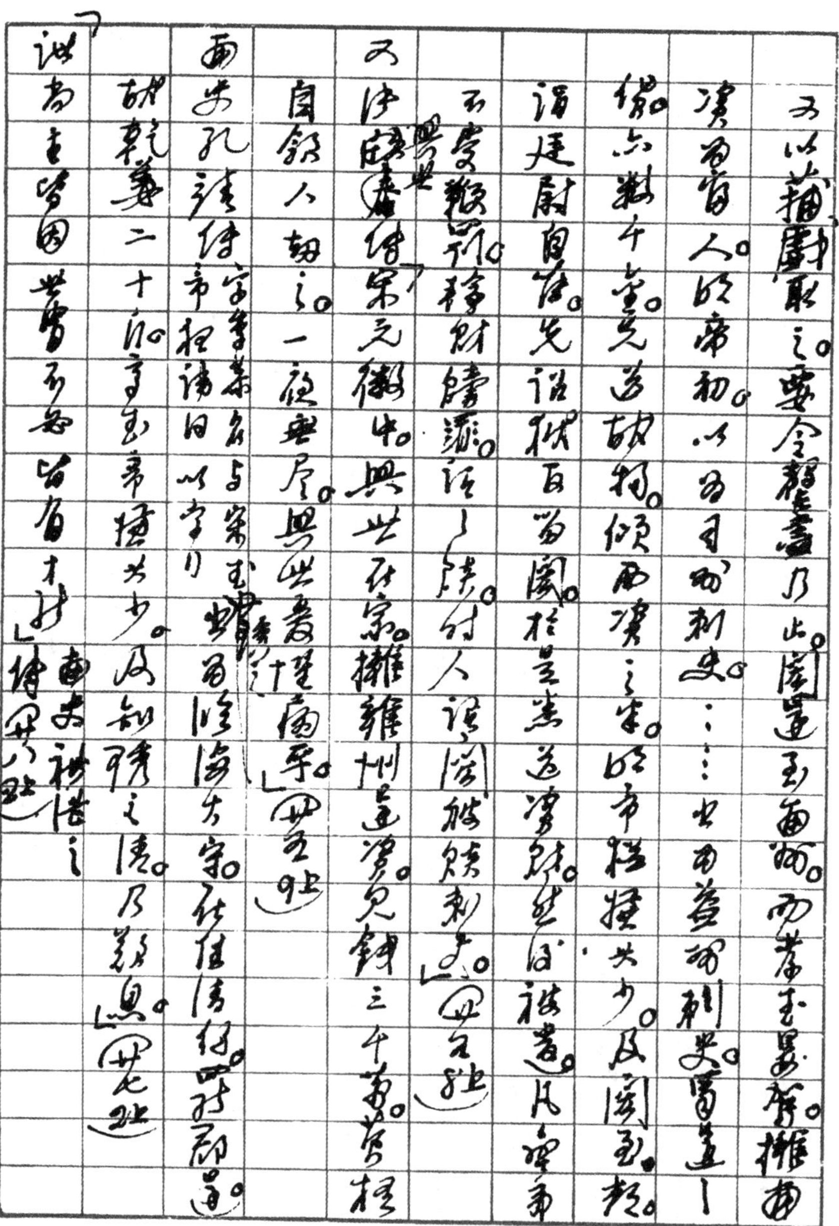

殿中將軍直衛左右前後左右入中等並宗以奉殿閣　杉之付　南史藝

（卅三上）

之嘉三年。諸王侍讀一第。多道古今。必同天下。無不該持書傳。

班堂二十の侍讀が。於一侍湘東。古は本傳云蕭綸は蕭ㄴの目上

南史沈法之傳。子寔。封安右守。……丁父憂。封安郎道於弟啟

給禮畢。館爲班之親戚。一身不慎。文帝聞而嘉之。宗子開撰

六人（注の注）

王劉法傳。子柳子孫相繼。服州道於弟序。一身不第。射論持之。卌

至止

又西侍中。時王華王曇首殷景仁亦為侍中。文帝於合殿與の人

賢傳。古悅。華昔出。帝目送良久。顧曰。此の質一時之秀。因當候

虞。世說新語。(四五卷)

凡為北史古帝列文中所遺出三之廿五日本作人補遺本傳補史

張瓌傳(四五卷)

南史言高帝記子憬等如財貨……[illegible]——劉悛刺史。附高帝

使、輔國將軍孫待者。停前、何儀近姚(同五二卷)

前後物(五一卷)前廢帝少。帳劉悛遺資。許其三千餘萬。(同五二卷)東昏鄱陽所留財

(同五一卷)

又崔慧景傳。慧景每罷州。輒傾資獻奉。動數百萬。世祖以此嘉之。

又陸杲傳。天監五年。除御史中丞。——時山陰令虞肩在任臧汙

對曰第。某素與新之。中書舍人蕭〻以為事託某。了不答。某

去閱之。以問某。〻答曰有〻。帝曰。睦〻不知答曰。臣不識此人。

時睦之在御側。上指示曰。此人是也。某謂曰。小人何敢以罪

人得面。時〻笑。（南史某書某傳在卷廿六）

南史梁宗室始興忠武王憺傳。〻〻為荊州刺史。舊守宰丞尉。歲

時乞丐。躬歷村里。百姓苦之。習以為常。憺至州。停斷嚴切。百姓

以蘇。（卷二七上）

又張纘傳。初閱邵陵王綸者仰己為湘州。其後因河東王譽纘。

事輕少之。湘州候迎及資待甚薄。纘深銜之。（卷六七下）

又范雲傳。為零陵內史。初零陵舊政。公田奉米之外。別雜調の

千石。及雲中郡。上計吏。百姓悅之。（卷七十止）

南史范岫傳：出爲安成内史。……徵爲黃門侍郎。遷御史中丞。未嘗遷一年所納。（卷五十止）

又傅昭傳：遷臨海太守。……縣令嘗餉粟。置絹于簿下。昭笑而還之。（卷六十二止）

又徐勉傳：居選部。古有選有簿。勉撰爲選簿。有詔施用。其制開寒凡品爲十八。隨。自是貪冒苟進者。以財貨取通。守道淪貧者。以貧寒見隔知。（卷六十下）

南史宗元饒傳：遷御史中丞。……時合州刺史陳褒贓汙狼藉。遣使就渚斂魚。又令人於六郡乞米。百姓甚苦之。元饒劾奏免之。

兵部

南史循吏傳范述曾錢唐人也。為永嘉太守……郡送故錢二十餘萬。一無所受。唯得白桐木火籠朴十餘枚而已。(七十)

又同書何遠為武昌太守……饋遺秋毫無所受。出武昌俗皆汲江水盛夏遠患水溫。每以錢買人井寒水。不取錢者。則摙水還之。(七十)

又梁書傳何遠又數拔。為長城令……在縣清廉。不受禮遺。夏節。息傍門受餉。終日中。得米二千餘斛。他物稱是。悉以付人輸租。(七二)

又書韓傳趙拔扈。射陽人也。兄震動有材幹。太守樊文茂求之不已。震動無由。乃殺將反叛。文茂聞其謀。收其族誅之。拔扈走免

元令鼎靈……教子龍（名）之孫

「晉宋舊例寧人之官，州郡為近，世以為事為近，遠之以三國之

移信一中書而遷播去來，乃不依三國之制，遂將遷新事人疫

程遠郎，乃方守寧涼遷。一年感敗而罷。南史阮佃之傳附（筆記8b）

溫嶠子古鎮明多不領州（晉書本傳附）

晉方熊遠傳，於中興帝別詞池多授刺勸進少加信一等，百姓

按刺史詞司徒史民三十條芻筆，乃可慮得困救詞異非古制

此今按授刺普不授近世，情事遂少，情釋，依漢從例詞天下

舊於國而蓄身偏倒，失平以貞稽敬，傾塞乃佃之端而不

遂。（卅一止）

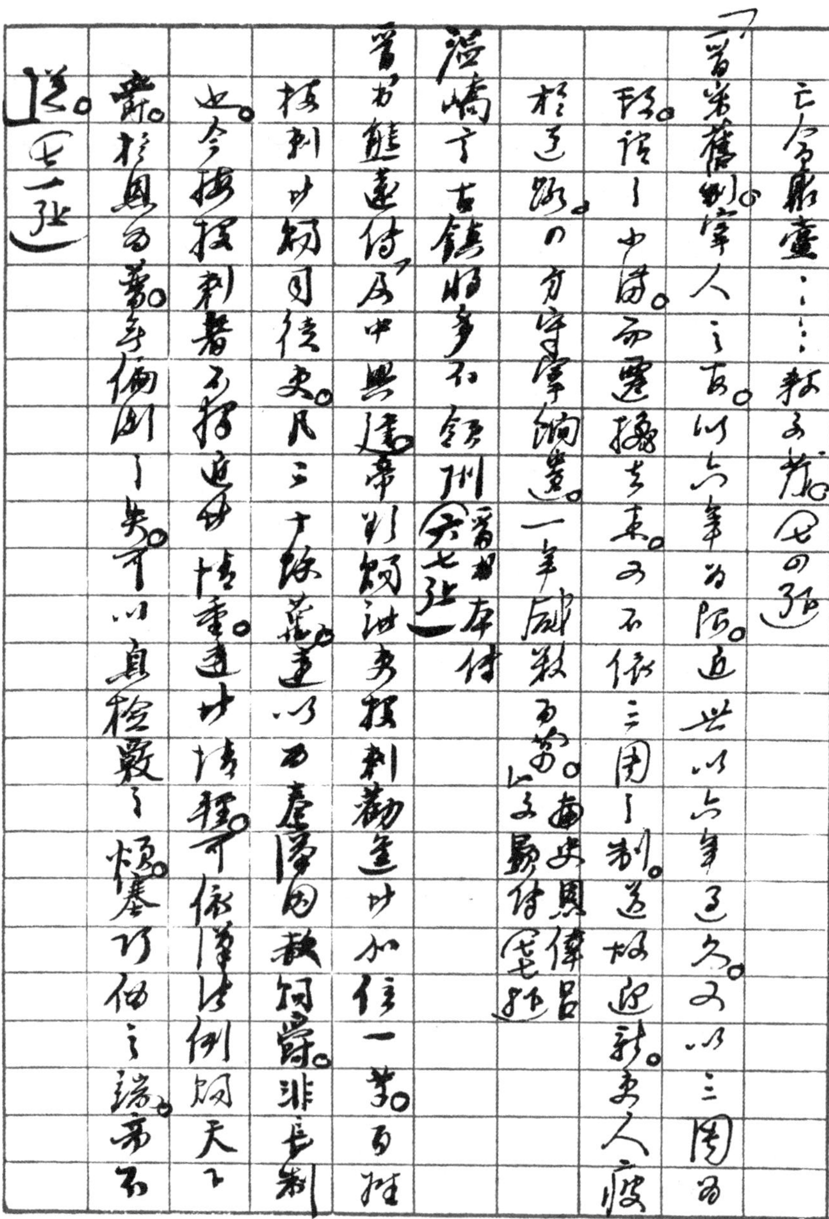

西省郎○宋書王韶之傳：晉帝自孝武以來，常居內殿○武官主書于中通呈○以省官一人○管司詔誥○任在西省○因謂之西省郎○（六十　廿上）

順帝昇明三年改揚州刺史曰牧者　宋書州郡志（卅五　廿上）

父母殯墳墓崩毀及疾病去官　宋書鄭鮮之傳（六四　廿上）

晉宋置使　宋書禮志（十五　廿上）

單容騎容○宋書廿不厭本考證

侍中侍讀客親○宋書王識等傳（四二　廿上）

御史臺主及諸州刺史皆監司也　通鑑晉武帝大康十年注（八二　廿上）

長兼○通鑑晉元帝建武元年以參軍事孔愉長兼中書郎注　七

並其兼始於此（九十上）
錄尚書六條事亦可考文似有十二條又廿四條杜佑謂即六曹
（通鑑晉愍帝建興二年注（八十九下））
晉安夷校尉蓋亦武帝所置治蠻者（晉武帝太康七年通鑑注（八十一下））
都督之名方鎮多置督護領兵之官也（同上）書傳則屢謂將為督
護督護則止督一軍耳（晉惠帝永興二年注（八十六上））高官督護職為督護而
加之以高官也觀晉之制凡各鎮皆有部將有督護共御又
置高官督護王敦鎮武昌有高官督護繆坦（晉穆帝永和十年注（九十九下））
軍司即軍司馬（通鑑晉康帝建元元年注（九十七上））
議曹○通鑑晉孝武帝太元十四年范甯在豫章遣十五議曹下

府城譙樓求風政生諸廟錄……十六縣一縣負郭，餘十五縣有
遺一御書（卷七七）
文樓。又譙樓臨安府有曰……譙者皆自高以望文樓，佳樓撓
也，又譙樓譙讀樵，文字當為樵撓也（卷七七）
急。晉令：急假者五日一急，一歲以六十日為限。史書所稱取急
請急，皆謂假也。（通鑑晉簡文帝咸安元年注，卷一〇三）
金紫光祿大夫、銀青光祿大夫。光祿大夫加金章紫綬，故曰金
紫光祿大夫，加銀印光祿大夫曰銀青光祿大夫
統府。通鑑晉安帝隆安二年，燕范陽王德……南徙滑臺……
趙王麟上尊號於德，德用兄垂故事，稱燕王，改永康三年為元

年以統府之帝制使統府時諸方鎮皆統樞密王府行帝制中

稱制以之事（卷九上）

留案之案○同上條自漢光武委任尚書事始案閣謂尚書省白

尚書臺晉惠帝西遷長安置留臺於洛陽主留事於是有留臺

之名焉拓跋氏置行臺隋大行臺一道之事（卷九上）

校郎○通鑑晉武帝太康十三年注自曹操始置校事司察群臣

之校郎後遂因之吳置諸曹校郎名門下校郎中典校郎是

也（卷十下）

朝廷大議與者○通鑑梁武帝普通二年注唐自議郎以上皆得

預聞廷大議為南二政楷當時信不為平而以為歸不及議者益

自曹魏以後始建大議，止及八座以上（錢九85述）

主公。〔通鑑〕晉安帝義熙五年……劉毅……嘗才猶大，肯出君流，莫不輻湊，投轄而至，惟俗異路，公部不往，劉問之，邵曰：主公命世人傑，何煩多問」注：劉穆之稱之爲主公（胡注述）

獵郎。又隹拓跋氏起於代北，性好獵，故置獵郎，以專掌之，而有材勇材力者爲之，亦猶漢之期門郎、羽林郎之類也。據此，則有後魏氏天賜之年置散騎郎、獵郎，諸省令史、有書、典籤等」（胡注述）

晉安帝元興元年

檢校。「來呂級命檢校之也」（通鑑胡注88）

佐史。「晉宋之間，諸府率之參佐爲佐史」（通鑑宋文帝元嘉六年胡注述）凡府州

傳稱諸侯王之佐史，晉孝武帝太元十年（通鑑胡注述）

自晉以來，謂吏者爲大尚書郎，品亦高（77通鑑94胡注）

民隱○通鑑宋文帝元嘉十四年，魏主以民[illegible]五月己酉

詔[illegible]民[illegible]守令[illegible]郡守[illegible]民之占（[illegible]）

[illegible]四年十一月[illegible]民[illegible]戶[illegible]

戶之[illegible]籍之[illegible]也（[illegible]）

鎮戶○錄戶錄籍者[illegible]戶也。通鑑宋文帝元嘉之年[illegible]

[illegible]府○[illegible]府又[illegible]府之上。文帝元嘉十年注（[illegible]）

[illegible]○[illegible]也[illegible]

[illegible]也[illegible]上十一（[illegible]）

[illegible]○通鑑[illegible]十年注[illegible]

[illegible]（[illegible]）[illegible]

一　因秘閣侍讀記檢撰實國之用秘書諸以劉方存國禮而書之矣存

侍便侍執國語三家學」注記國語執撫國務也」（職林五頁）

坤局參軍。○諸州刺史所有坤局參軍掌傳設備儀通鑑卷了的市延之第注

（卅九頁）

正員將軍員外將軍。○古多將軍而未置員外軍歷世而正員將軍治

為員外將軍通鑑卷了的第豪之第注（卅九頁）

豪侍。○豪侍御史臺所遣請誦録事好上（見）

為書左右，著作郎。○秘書以來呈上書尚書記左省吏部祠部五兵

左民度支尚書所為一省諸之五省某某事也藏之以為某

據尚書用著作機日著某通鑑卷了東晉傳之之第注（四二頁）

六部尉經途尉置否〇通鑑梁武帝天監十年注：魏於洛陽城中置六部尉，六部尉因漢平子第子時，經途九軌，置經途尉以察城中之六途中，若隋知尚置否（册府……）。

中書侍七兼稱魏氏初置。通鑑梁武帝十六年注（册三……）。

主簿唯〇通鑑宋文帝元嘉二十一年注：總置中郎方有紀親史右將唯大長當掌按獄訟之事將唯（册卅〇……）。晉書帝紀二年注：都督此唯大長史之將唯稱度之職掌也，其日將唯者，將唯即廣之政事堂（册卅八……）。八年，尚書要與宋程將唯協然，錄尚師仲日此將唯謂者，八唯會唯之所稱，今之將事也。始事（册卅九……）……郡……元年李神儁李毅於尚書省上議之臣

擬畫尚書已下令史已上擬官者聽中書以處分而犯罪狀告覺訊
者處分」隋書尚書都坐錄令僕射尚書國坐知之（九上）
錄事參軍非有主簿者置錄事。○通鑑宋文帝元嘉二十八年注「白氏六
帖曰州置簿郡置簿蓋今錄事參軍今按晉諸郡主簿掾綱
等以陳顯為錄事參軍皆付自判又諸主簿掌郡之吏亦總存
古爲錄事之職掌正違失涖符印」（廿六上）
錄蓋以尚書侍中之職而爲之首」同上二十九年注（廿六上）
主帥　齋帥　東宮主帥　殿主帥。○齋帥主齋內仗衛又掌湯沐燈
汛掃鋪設」通鑑宋文帝元嘉三十年注（上）　主帥典衛也又齋內亦曰主帥
謂之齋帥」孝武帝大明五年注（上）　順帝昇明元年初置標主依東揚錄

陳暄傳：于地又作喜無所主帥不能禁。注：東帥，謂東宮齋內主帥也。（卅上）

梁武帝大清三年，侯景又請以大僮二人爲使齋主帥。注：果帶中諸齋帥有主帥。（卅三下）

夾轂隊帥。○通鑑宋孝武帝大明五年注：宋制，有夾轂隊，蓋左右親兵也。其制略如齋帥。（卅上）

行事。○同上注：江左率謂出身爲門閥，次爲門者。（卅上）

八坐。○通鑑宋孝武帝孝建元年注：晉志曰：尚書令僕射二合爲八坐。宋蓋二僕射一令。（卅上）

內監、外監。○江左之制，天子及諸王皆有內監、外監。齋監也。齋內自主帥以下皆謂監齋之始。通鑑宋明帝泰始元年注。（卅上）

蕭湘東王暎

内臣王守隆諸職屢有功　又知鹽典事東陽某孫陳李及

事侍備日若衛出勤劳出興人役像刺畫邊邀撰內監之心遺

專低詞淡揭典事之已（卅六）

蕃部落郎。宋初市蕃始二年時常散出趨國用不足募民工鑄

蕃世領以蕃部蕃部首至其子三品蕃官之長法蕃部蕃孫枝

邊部孫補其蕃種世守領之地以部守部會及參佐等稗官偈

之（卅五）

掌士門士。初有掌士門士掌士掌倉門士守門户連[illegible]

揭王之徽之年法（卅三）遷

揭刀。通鑑卷百市政府二年蕉剃詘至底轄推將置揭刀左右

四十人任握刀、執刀，以衛左右

中祕。祕書省存藝書語之

年注（[illegible]）

組繹。組織以國語 同上（[illegible]）

御刀應敕。御刀，握御刀在左右者；應敕，在左右祇應敕令者也（鑑）

齊東昏侯永元元年注（鑑[illegible]）

都刺史晉方面總兵權，故曰都將。同上永元二年注（[illegible]）

流外。雜色補官不入品者謂之流外。同上和帝中興元年注（[illegible]）

草市尉。建康城外之所有草市，置草市尉司察之。同上（注）

臺家。江左軍語謂建康臺家亦謂之天臺。同上梁武帝天監七年注（[illegible]）

直寢○「因直寢殿以爲官稱」（通鑑齊和帝中興元年胡注）

後閤舍人○「後閤舍人蓋江左所置，使主殿後閤者也，猶唐閤舍人，常在宮中，觀親倖能觸可見」（同上胡注）

長流參軍○「晉安王紀長流參軍主禁防，蓋後之府有士曹參軍，小府無長流參軍，置禁防參軍。顏氏家訓：或問何以名治獄參軍爲長流？答曰：帝王世紀云帝少昊崩，其神降於長流之山，於祀主秋。按周禮秋官司寇主刑罰，長流之職，漢魏捕賊掾耳，晉宋以來始爲參軍，上屬司寇，故取秋帝所居爲嘉名焉」（通鑑梁武帝天監元年胡注）　案見顏氏家訓書證篇

都錄○「蓋錄事之首吏，總錄諸吏者也」（同上胡注）

綱紀○紀綱上佐謂之綱紀言其綱紀衆務之事也 通鑑梁武帝天監八年注（視6卜）

禄力○禄秩者所受之禄力在吏所用白直也 同上十八年注（覽九）

千牛備身○謝左右之千牛刀防身之刀千牛刀者利刃也取

庖丁解數千牛而芒刃不頓故義千牛備身執千牛刀以侍左

右者也 同上普通二年注（視九）

齋庫刀即千牛刀○通鑑梁武帝普通六年魏臨淮王彧深其懷遂

襄威將軍程陽又萬月不遂投疑延尉少卿崔孝芬持節齎

齋庫刀以趣之注齋庫刀千牛刀也齋當作齎刀以趣其建言者

後遂當將殺之也（視十6卜）

外郎內省○又大同五年自條設周拾既卒當權要於外郎則同

秘書内省別案異法三公卿並為書省外[?]官門下省為内省（類聚）

校書者初名為官○杜佑曰漢之蘭臺及後漢東觀皆藏書之室

當時文學之士使讎校於其中故有校書之職蓋有校書之任

而未為官也故以郎居其任則謂之校書郎以郎中居其任則

謂之校書郎中至魏始置秘書校書郎 通鑑梁武帝大同五年注（胡注）

都省○都省即尚書都省為代[?]唐省制都令僕射總理六尚書

事謂之都省 通鑑陳宣帝大建四年注（胡注4上）

敕使○敕使謂使能奉敕而來至唐時率以稱宦官也 同上

門下省為東省中書省為西省 同上長曆為系 據之譯道（胡注135）

天柱〻號窮兇大祖為已有傳 敕書本朱家（七の四）

英雄记仲尼陈之书目天子至庶人身修仕……禅化……

子而得政九十家为……陟政郡守陕……廉除……参……止汉虎氏亦

兑……夫士…………酋宜禄禄参……其年……

河南……元……祀书……曹……（七七）杨……

崇仁川书……起人……官事术杼任……（四八）……

齐杼因高祖作权……相川卯……君……寺太……及天保……封

讨曰临……蜀书……權山二……而备……讨……卯去……首……基……

此子……自建安……庆……偶……枕……目致仕卯不……讨子功

推偶……形主库封……选……必先自偶……

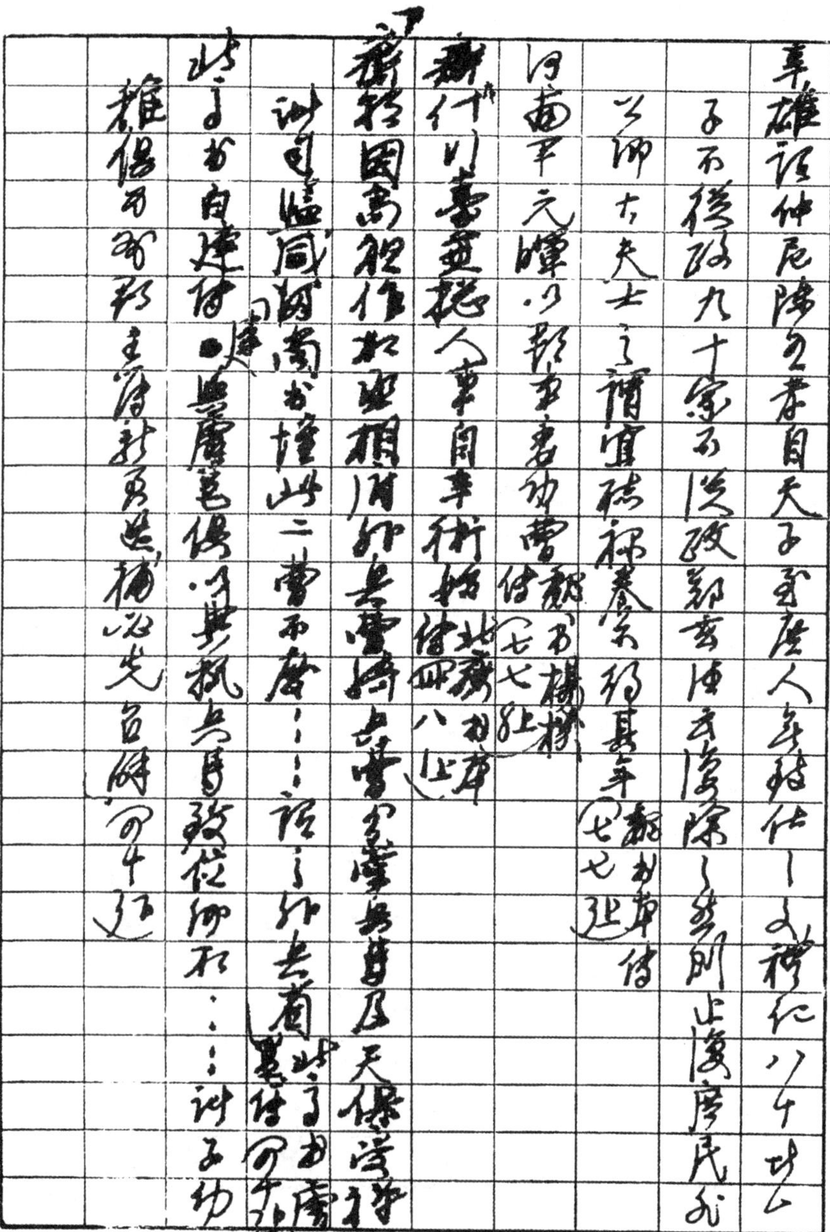

隋書高祖紀開皇元年二月甲子……而皇帝位……是日易周氏官儀，依漢魏之舊（一6上）

四年夏四月乙亥，勅總管刺史父母及子年十五以上不得將之官（一9上）

六年二月……寅，制刺史上佐每歲暮更入朝，上考課（一10上）

十四年閏十月……乙卯，制外官九品已上父母及子年十五已上不得將之官（二4上）

十七年……戊戌，制州縣佐史三年一代，不得重任（二4下）可見刑法志（廿五9下）

十四年十二月乙丑，諸文武官以四考受代（二5上）

隋書煬帝紀大業五年四月己丑，制……大守每歲密上屬官景[illegible]

上同（三 6上）

又二月……壬戌，制魏周官不得蔭子孫（三 6上）

隋諸郡各[illegible]什長[illegible]以[illegible]錄給地學業（隋食貨志 7上）又[illegible]（傳四六 4上）

言古制[illegible]隋經籍志[illegible]古[illegible]（卌三 6上）[illegible]（傳四五 3上）

鄭譯劉昉援高祖家宰[illegible]說定為大丞相假黃鉞[illegible]內

[illegible]（隋書[illegible]傳四二 3下）[illegible]高祖[illegible]國制[illegible]權仲

[illegible]創[illegible]（傳六下 4上）

柳彧勸高祖勿以武人任刺史（隋書本傳 傳二 4上）

薛道衡[illegible]刺史以下古[illegible]御史百餘人（隋書本傳 傳七 4上）

古內史中御史令史等由吏部煩　大小吏悉由吏部（隋书劉炫傳 七五 8上）

隋书高祖紀開皇九年二月丙申制五百家为鄉正一人百家为

里長一人（二 2上）　京畿明州为里（廿八 1下 百官志）（の州縣吏員宜 7上）

又開皇三年十一月甲午罷天下諸郡（一 9上）蘇威論廢郡　李德林傳（四二 4上）

又煬帝紀大業元年正月廢諸州總管府（三 2上）

又二年四月丁卯遣十使併省州縣（三 7上）

又三年四月壬辰改州為郡（三 4上）（廿八 1上）　[illegible]（三 4下）

遂廢鄉正　隋书百官志（廿八 10下 11上）　鄉正不可理辭訟（四二 7上）

牢文閣吏名有不親請（北史 七□）

常侍是为三清勇書將軍閣理改平建上　寬傳（八六 1上）北史循吏傳

隋改度支為民部，唐又諱改為戶部。

魏作職官令。魏書七下

中壘司隸雜號常外。魏書四七下

魏置郡尉。魏書世宗紀正始四年十月，詔石丞於劍

七千里置二十二都尉（卷八四），尉（卷四九），東北又作郡

郡縣官多行猜。魏書孝廢帝紀中興二年五月癸未詔

與草昧與制權與郡縣之本，掌多行猜假，有之者風化

被損除者，為酒犒勝路，以風興夜寐正楊於懷，有司明加糾罰

稱勝言焉（卷一一四）

州無刺史，齊簡司馬。隋書房彥謙傳：彥謙授鄜州司馬……鄜州

久安刺史判州積胥歸彥謙（六六六）

以安西藏